滄海叢刊

憲法論叢

鄭彥棻 著

1990

東大圖書公司印行

© 憲法論叢

著　者　鄭彥棻
發行人　劉仲文
出版者　東大圖書股份有限公司
總經銷　三民書局股份有限公司
印刷所　東大圖書股份有限公司
地址／臺北市重慶南路一段六十一號二樓
郵撥／〇一〇七一七五—〇號
初　版　中華民國六十九年九月
三　版　中華民國七十九年四月
編　號　E 58043
基本定價　壹元捌角玖分
行政院新聞局登記證局版臺業字第〇一九七號

前言

我自在廣東高等師範讀書時，親聆　國父講述三民主義，便服膺　國父的革命理論和以三民主義、五權憲法建國的理想。後來在歐洲進修和在國際聯盟服務，研究各國政治，更深切的體會　國父思想的博大精深和切合國情。因爲自己相信建國之道，首在建立民主憲政，而五權憲法又爲　國父所獨創，對之尤饒研究興趣。

民國卌五年制憲前後，我在中國國民黨中央黨部服務，並被選爲國民大會代表，參加制憲工作。在這期間，曾將個人對五權憲法尤其地方自治的研究心得，和對制憲行憲的意見，先後寫了十二篇專文，在各報刊發表，以供制憲和行憲的參考。後來曾彙輯爲「從制憲到行憲」一書，由黑白出版社於三十七年元月出版。

來臺後，雖時值非常，政府仍積極推行民主憲政，並實施地方自治，以厚植國力。我於民國四十二年曾應中央文物供應社之約，撰述「五權憲法要義」小册，由該社出版。其後，曾應邀在學術和訓練機構，作過若干次有關五權憲法和我國憲政的演講，也曾爲報刊寫了一些闡揚憲法和憲政的文章，但都僅就專題加以論述，沒有作有系統的研究。

民國六十四年，我被推選爲中國憲法學會理事長，並將該會會刊改爲「憲政時代季刊」，定期出版，同時，成立憲法研究委員會，對中華民國憲法作分章分題的深入研究。中國憲法學會是一個專門從事憲法研究的學術團體，參加者都是對憲法饒有研究的專家學者。自民國四十年在臺成立，廿多年來都是由法學前輩張懷九（知本）先生領導，卓著貢獻。當時懷九先生因年高改任名譽理事長，推我繼任理事長。我雖深感惶恐，但覺得這也是一個機會，自己多年來從事公務，學殖久荒，可以乘機一面和憲法學的專家學者們一起切磋砥礪，一面也迫使自己對五權憲法和中國憲法作一有系統的研究。因此，暗下決心，以五權憲法理論爲基礎，對中國憲法作一深入研究，預擬若干專題，決定每季撰文一篇，在憲政時代發表，以就教高明，將來綜合起來，便是較有系統的研究。後來雖然因爲公務關係，不一定能按季交稿，次序也因資料關係，先後時有更易，沒有完全能按預定計劃進行。但到現在總算是全部脫稿，完成了自己的一樁心願。

這些論文的撰述，是由六十六年開始，共寫了十二篇，計分十三期在憲政時代發表。第一篇「五權憲法理論的研究」，是純就五權憲法，作理論的探討與闡釋，也就是全部論文立論的依據。第二篇「從五權憲法的理論到中華民國憲法的制定」，是檢討我國制憲經過，將歷次憲法草索作一比較研究，以明五權憲法由理論到實踐的歷程。第三篇「三民主義的憲政體制」，則就五權憲法的理論與現行憲法的內容及其實施經過，作一綜合評述，以說明我國現行憲政體制。其餘九篇，都是就憲法的主要內容，尤其五權憲法的主要問題，分別作專題研究。每篇都先探討五權憲法的理論與主張，再檢討現行憲法的規定及其得失，然後就行憲以來的運作實況及其所遭遇的問題，逐一分析研究。因爲憲法貴在能實行，憲法學者不能僅在憲法條文中去鑽研探討，必須檢討其實際施行情形，才能真正瞭解其利弊得失與問題之所在。所以，我覺得對中華民國憲法的研究，除闡釋其條文真義外，必須一面依據五權憲法的理論，研判其出入與得失，一面依據實際施行情形，探討其問題與利弊。而對五權憲法的研究，除理論的探討外，也必須檢討我國制憲與行憲的經過，才能瞭解其實踐的價值與問題。最近一年，我應中國文化學院之約，爲其三民主義研究所研究生講述五權憲法，便曾將這些論文提出來和他們研究，他們也覺得對實際問題的研討，可使他們對五權憲法的理論有更深入的認識。

這十二篇論文，雖然撰寫的時間先後不同，而且是分別發表，內容自然不免略有先後，也難免少有重複，但在撰述之先，卽預定題目，分篇撰述，故合起來却自成系統，且立論一貫，前後呼應。現經綜合並略加整理，由東大圖書公司出版，雖然不能說是一部完整的著作，但却是自己多年來研究五權憲法和中華民國憲法的一點心得。其中若干觀點，與衆說間有不同，雖不敢自信爲必屬至當，但覺得總可以供研究者的參考，故願付梓以就敎於高明。

憲法論叢　目次

壹、五權憲法理論的研究

一、五權憲法的意義

中華民國憲法是依據　國父孫中山先生創立中華民國的遺教制定的，而　國父的憲法思想則爲其所創立的五權憲法。什麼是五權憲法？最普遍也最自然的答案是：「五權憲法就是五權分立的憲法」。這答案自然不錯，但五權憲法的特質並不僅在五權分立這一點。所以，最正確也最簡單的答案應該是：「五權憲法就是　國父孫中山先生所創立的憲法」，也可以稱之爲「三民主義憲法」或「中山先生憲法」。

五權憲法不僅是　國父所主張的憲法，也是　國父所獨創的憲法。國父說：「五權憲法是兄弟所獨創，古今中外各國從來沒有講過的。」❶　國父在中國革命史上說：「及乎乙巳（一九〇五），余重至歐洲，則其地留學生已多數贊成革命，余於是揭櫫生平所懷抱之三民主義、五權憲法以爲號召」❷。民國九年關於修改憲章之說明中更謂：「一九〇四年，我和王寵惠在紐約曾談到五權憲法，他很贊成」。❸可見遠在民國紀元前八年（一九〇四年），國父便提出五權憲法的主張，但現在我們可以找得到的關於五權憲法的遺教，最早的是民前六年（一九〇六年）十月十七日在東京祝民報紀元節的一篇演講詞。❹這篇講詞雖然對五權憲法的理論已有相當詳盡的說明，但當時僅說「五權分立」，還沒有五權憲法的名稱。五權憲法這名稱的最初使用，據我們找到的，是民國三年（一九一四年）中華革命黨的誓約。❺中華革命黨總理誓約曾宣誓「創制五權憲法」；而且當時黨的組織也採用五權制，除了本部外，分設立法、司法、監督、考試四院，試行五權分立，以爲將來政府實行五權憲法的準備。此後國父迭次演講和宣言，便都以三民主義和五權憲法並稱，認他所主張的革命，就是三民主義五權憲法的革命。❻

爲什麼國父會創立五權憲法呢？首先，因爲國父認爲中國應該實行憲政，在「中國革命史」一文中曾說：「余之民權主義，第一決定者爲民主，而第二決定則以爲民主專制必不可行，必立憲然後可以圖治」。❼所以，遠在民前十二年（一九〇〇年）國父在致港督書中，便提出憲政的主張。❽國父既然主張實行憲政，那麼應該採用那一種憲法呢？他說：「兄弟歷觀各國憲法，有文憲法是美國最好，無文憲法是英國最好。英是不能學的，美是不必學的」❾，不能學是因爲英國憲法是從六七百年前由漸而生，成了習慣，有其特質，不能照學；不必學是因爲美國憲法的三權鼎立完備的地方很多，流弊也很不少，最主要的流弊是只注重法治，而不注意人的因素。他又研究我國自古政制，除君權外，也有獨立的考試權、監察權，能進賢而退不肖。因此，他擷取融會古今中外憲治的精華，主張五權分立以救三權分立之弊，這是五權憲法的第一個特性。

其後，國父研究歐美的民主憲政，發現其缺點除重治法而不重治人外，祇求消極的維護人民自由，而不求積極爲人民謀福利，因此政府能力漸趨退化，不能解決隨資本主義、自由主義而發生的各項社會問題。人民都渴望有一個萬能政府來爲他們解決問題，但又怕政府有了大權，會危害他們的自由。當時「講民權的國家，最怕的是得到了一個萬能政府，人民沒有方法去節制它；最好的是得一個萬能政府，完全歸人民使用，爲人民謀幸福。」[10]所怕所欲，都是在一個萬能政府。要解決這個矛盾，國父便發明了權能區分的道理，要使人民有權，行使四種政權以管理政府；政府則有能，行使五種治權來爲人民服務。這也是國父在政治學理的新發明，成爲五權憲法的基本原理。

此外，國父認爲憲法是建國的機器，而建國必須由基礎做起，他參考美國最新的地方自治制度，認爲我國應以縣爲單位，實行地方自治，並主張實施訓政[11]，以推行自治，創立了他的地方自治理論。而對中央與地方關係，國父又本他對各國中央集權或地方分權比較研究，和體察我國實情研究所得，創制了均權制度，按事務的性質，劃分中央與地方的權限。將這權能區分、五權分立、均權制度、地方自治四項理論融會貫通起來，便形成了國父的憲法思想，也就是五權憲法。

國父是一位政治家和思想家，他之創立五權憲法，絕非瞑思玄想，標奇立異，而係依據崇高的政治理想和針對我國的現實情況，所創立的憲法理論。所以，它一面適應中國實情和世界潮流，一面可以實現建設三民主義國家的理想。國父說：「五權憲法就好像一部大機器，大家想日行千里，就要坐自動車；想飛上天，就要駕飛機；想潛入海，就要乘潛水艇；如果想治一個國家，就不能不用這個新機器的五權憲法」。⑫在國父自定的著述體系中，他把建國方略分爲心理建設、物質建設、社會建設、國家建設四部份，五權憲法和三民主義都列爲國家建設的一部份。⑬這說明國父認爲五權憲法的作用在建設國家，而建國的目的，則在實現三民主義。所以，在國父遺教中，說到革命的目的，常常把五權憲法與三民主義並稱。國父手訂的建國大綱第一條便說：「國民政府本革命之三民主義五權憲法，以建設中華民國。」⑭中國國民黨第一次全國代表大會於民國十三年一月廿八日通過的「中國國民黨總章」，亦首揭「爲促進三民主義之實現，五權憲法之創立，特制定中國國民黨總章」，以後黨章也明白規定以三民主義、五權憲法爲黨綱。⑮

至於五權憲法和三民主義的關係，說得最明確的就是民國十二年（一九二三年）中國國民黨宣言的兩句話：「以三民主義爲立國之本原，五權憲法爲制度之綱領」。⑯這就是說：三民主義是我們立國的基本，我們要建設的是一個三民主義國家，五權憲法則是這個國家的根本大法，一切制度的綱領。　國父一說到三民主義時，「就常常提到五權憲法，因爲，主義的實行，須要方法和工具，五權憲法就是實行三民主義的方法和工具。」[17]也就是說：五權憲法是實現三民主義必需的國家根本大法，是建設三民主義國家所不可缺的基本制度。而在三民主義中，和五權憲法關係最密切的，自然是民權主義。民權主義所主張的「人民有權，政府有能」，[18]也就是五權憲法對人民權利和政府組織規定的基本原則。所以，民權主義和五權憲法是一個思想的兩面，名爲「民權」是重在「人民有權」，名爲「五權」是重在「政府有能」，實在兩者是不可分離的。

由此可知：五權憲法是　國父的創見，要瞭解其內容，必須從　國父遺敎去研究；而且五權憲法絕不是一個孤立的理論，它是　國父政治思想的一部份，實現三民主義的具體建國方案，必須從　國父整個思想體系去研究體會，才能瞭解其精義。可惜的是在　國父遺敎中，對五權憲法却沒有作很詳細的說明。我們現在可以看到的比較詳細的說明，只有民國十年（一九二一年）在廣東的一次演講詞，[19]但這次演講，　國父自己也說，只是從側面來講，沒有從正面發揮。本來在這次演講之後，　國父曾打算寫作專書加以闡述。民國十年，他爲上海新聞報三十三週年紀念所作的「中華民國建設之基礎」一文中，提到五權分立，便說：「詳見五權憲法之講演，行當另著專書論之」。[20]可惜這書草擬未成，便燬於陳炯明之叛變[21]，而　國父曾於民前八年在紐約和一位中國學生討論五權憲法，討論了兩個星期，又曾於民國初年在東京和一位日本法律博士談五權憲法，談了兩三個月，也都沒有紀錄可尋。因此，對五權憲法的理論，我們只能從　國父全部遺敎和他的革命思想理論中去體會領悟。而　國父的思想乃源自我國數千年的歷史文化傳統，並擷取世界學術的精華，我們也要從我國傳統文化和世界政治潮流中去研究體會。

前面已經說過：五權憲法的思想是由權能區分、五權分立、均權制度、地方自治四項理論融會貫通而形成的。這四項理論中，權能區分是基本的原理，五權分立是中央制度的原理，均權制度是中央與地方關係的原理，地方自治是地方制度的原理，四者合成國家根本大法的原理。所以在瞭解五權憲法的意義後，可分別就這四方面去研究它的理論。

二、權能區分——五權憲法的基本原理

(一)權能區分的理論基礎

權能區分是　國父研究歐美各國民主憲政後所獨創的學說，是「世界上學理中的第一次發明」。㉒他認爲「政治裡頭有兩種力量：一種是政府自身的力量，一種是管理政府的力量」，㉓只要人民有充分的「權」去管理政府，便不怕給政府充分的「能」去爲人民服務。所以，他主張將「權」、「能」分開，使人民有權，政府有能，並分別提出具體辦法。而憲法的主要內容，就是規定人民的權利和政府的組織，故權能區分是五權憲法的基本原理，五權憲法則爲實行權能區分的具體方案。

爲什麼 國父主張權能區分呢？固然，他曾說是由於當時一位美國學者和一位瑞士學者的學說，現在人民所怕所欲，都是一個萬能政府，他研究其中癥結問題，便創立了權能區分的學說，但其思想淵源，則是我國歷史文化的政治哲學，尤其 國父的知行哲學。㉔

因爲歐美的政治歷史是一部階級衝突、反抗專制的歷史，工業革命後，個人主義抬頭，便強調個人自由，反對國家干涉，甚至認爲對人民干涉得最少的政府，便是最好的政府。因此，政府功能漸趨退化，而由於經濟發展，社會問題叢生，亟待政府致力解決，乃至所怕所欲，都是萬能政府。但我國歷史則向無階級對立與鬥爭的事實，我國政治向重德治而不重法治，數千年來的君權雖有治有亂，但既有丞相制度，復有獨立的監察制度和考試制度，可防止專橫。而我國政治哲學是格致誠正修齊治平的大學之道，講求由內而外，修己治人，成己成物。每一個人都要各守本分，盡其應盡的責任。政府不但要保民、理民，更要敎民、養民，和歐美的政治思想完全不同。因此，我國政治的道理，不在限制政府的權力，而在使每一個人都盡其所能，共謀福利。 國父又研究知行的道理，認爲人類天賦的聰明才力不是平等的，正和自然界各物都不是平等的一樣。人類聰明才力可以分成聖賢才智平庸愚劣等不同的程度，概括起來，則可分爲三種：第一種是先知先覺的發明家；第二種是後知後覺的宣傳家；第三種是不知不覺的實行家。所以，理想的政治，應該由先知先覺的發明家去領導，後知後覺的宣傳家去宣傳，不知不覺的實行家去執行，讓有才能有學問的人去替衆人負管理的任務，各人盡各人的聰明才力去替衆人服務，使政府成爲萬能政府；但為防止有才能有學問的人執掌治權以後，任意胡為，會成了專制，便要讓人民有權去管理政府。由此，便產生了 國父「權能區分」的學說。

㈡ 權與能的區分

權和能怎樣區分呢？ 國父曾舉了幾個很有意義的比喻，一是以阿斗與諸葛亮為例，說明人民有權就是每一個人民都是皇帝，但應該像阿斗信任諸葛亮一樣信任政府。二是以公司股東和經理為例，說明政府有能就是公司的經理，工廠的總辦，但應該像經理服從股東一樣去服從人民。三是以汽車主人與司機為例，說明有權的人民是坐汽車的主人，有能的政府是駕駛汽車的司機，司機是替主人服務的，主人只要求司機於一定時間內到達目的地，至於應該走那條路，可讓司機相機行事。四是以工程師與機器為例，說明人民的權是用來管理政府的能的，無論機器有多少馬力，只要工程師一動手，要機器開動，便立刻開動，要機器停止，便立刻停止。這四個比喻雖然很淺顯，但由此可以知道權與能是怎樣區分，也就明白權和能的關係了。㉕

從上面 國父所說的幾個例，我們可以看到權與能的分別，有左列三點：

第一是性質不同 國父說：「政治就是管理衆人之事，」㉖所以，政治中包含有兩個力量：一是衆人之事的力量，就是權，也可叫做政權；一是管理衆人之事的力量，就是能，也可叫做治權。這意思就是說：權是衆人自身的力量，能是管理衆人之事的力量，衆人之事要政府有力量管理，這就是能；而衆人自身則要有力量去管理政府，這就是權。

第二是主體不同　權是屬於人民的，能是屬於政府的，所以，權可以說是民權，能可以說是政府權。

第三是作用不同　權是人民用來管理政府的，能是政府用來替人民服務的。所以，權是管理政府的力量，能是政府自身的力量。　國父曾經用幾種比喻來說明權和能作用的不同，說權是放水制，能是自來水；權是電鈕，能是電燈；權是機器上的節制，能是機器。權和能的不同，由此便可明白了。

㈢　權與能的特性

權能區分的道理，是要使人民有權，政府有能，但除了極端專制或極端放任的國家以外，很少國家是人民完全無權，或政府完全無能的。所以，　國父所主張的權能區分，不但要使人民有權，政府有能，而且人民的權和政府的能還該有左列的特性。

首先，在權的方面，應有三點特性：

一是充分性，就是　國父所主張的民權是充分民權。所謂充分民權，就是人民不但要有選擧權，同時要有罷免權；不但要有對官吏的選擧權、罷免權，而且還要有對法律的創制權、複決權。這樣，人民的權力不但可以放出去，而且可以收回來；不但可以管理官吏，而且可以管理法

律。有了這四種權，民權才算充分，才是全民政治。㉗

二是直接性，就是　國父所主張的民權是直接民權。所謂直接民權就是選舉、罷免、創制、複決四權都由人民直接行使，而不是委諸人民代表去行使，雖然由於我國幅員廣大，除地方的選舉、罷免、創制、複決四權是由人民直接行使外，中央的選舉、罷免、創制、複決四權可歸由國民大會行使，㉘但國民大會的代表應係人民的委任代表，而非法定代表；應以人民的意見爲代表的意見，而不是以代表的意見爲人民的意見。所以，仍無傷於民權的直接性。　國父說：「爲人民之代表者，或受人民之委任者，祇盡其能，不竊其權，予奪之自由，仍在於人民」。㉙就是這個意思。

三是革命性，就是　國父所主張的民權是革命民權。所謂革命民權，就是認爲民權並非由於天賦，而係由革命而來。　國父說：「民權不是天生的，是人造成的，我們應該造成民權，交到人民，不要等人民來爭，才交到他們」㉚又說：「國民黨之民權主義與所謂天賦人權者殊科，而唯求所以適合於現在中國革命之需要，蓋民國民權，唯民國國民乃能享受之，必不輕授此權於反對民國之人，使得藉以破壞民國」㉛。可見革命民權與天賦人權的不同。

其次，在能的方面，也有三種特性：

一是積極性，就是政府的能，不僅消極的不侵害人民的自由，而且要積極的替人民謀幸福。個人自由主義者認爲國家的任務只是在消極的維持社會秩序，讓人民自由發展；怎樣是人民的福利，只有人民自己才知道，政府不必過問，也不該過問，這種思想已爲近代福利國家的學說所否定。故政府不僅要消極的不侵害人民自由，而且應該積極的去替人民謀幸福，使人民生活的衣、食、住、行、育、樂等問題，都得到解決。權能區分學說所要建立的萬能政府，無疑地該是這樣的政府，所以他要分爲立法、行政、司法、考試、監察五個部門，就是要分成五個門徑去替人民服務。

二是專門性，就是政府的能應交由有能的專門家去行使，一定要有能的人才能發揮能的作用。所以， 國父主張專家政治，政府官吏以至議會議員，都該是有才能有學問的專門家，這樣，才能使人適於事，才能把衆人的事管理得好。

三是聯屬性，就是行政、立法、司法、考試、監察五種治權的分立，並不是全以互相制衡爲目的，而是按照事務性質劃分，仍互相聯屬，達成分工合作的目的。這是五權分立和三權分立的基本分別。因爲三權分立是基於制衡原理，使三權各自獨立，互相牽制，互相平衡，以權力限制權力，消極的防止專制。五權分立則只是政府治權的分工，仍相聯屬，發揮整體功能。 國父曾用蜜蜂的分工來說明五權分立：「蜜蜂……住在一窩之中，都是分職任事，有做窩的，有覓食的，有採花的，有看門的，有釀蜜的，並有做首領的叫做蜂王，好像國家一樣，有行政、立法、司法、種種人員，毫不紊亂，做起事來，既不侵越權限，又能互相幫助」[32]又說：「五權分立之中，仍相聯屬，不致孤立，無傷於統一」。[33]五權的聯屬性，由此可見。

三、五權分立——中央制度的原理

㈠五權分立的由來

五權分立是五權憲法中央政制的原理。五權分立無容諱言是由三權分立演進而成的。三權分立雖然是由孟德斯鳩所創立，但其思想淵源則來自希臘、羅馬以來的分權學說。希臘、羅馬時代，政治體制都很複雜而階級衝突劇烈，所以柏拉圖、亞里士多德、普來比亞都主張混合政體，以法律維護各階級利益，用權力限制權力，防止政府的專橫和腐化。中古以後，君權日益擴張，流於專制，爆發了民權革命，洛克便提出立法、行政、外交三權分立的主張來防止專制。但現行的立法、司法、行政三權分立說則是其後孟德斯鳩依據當時的英國政制所創立，而為美國獨立後所採用，嗣後各國憲法便多採行這一三權分立制。

國父研究三權分立的制度，却發覺它有許多不完備和運用不靈活的地方，最大的毛病是三權分立只注重「法」，而不注重「人」，因此，無論選舉或委任，都常不得其人，雖有良法，亦不能行。而我國政治向重人治，為政之道，首在使賢者在位，而且歷來有考試制度和監察制度來進賢以退不肖。因此， 國父便主張「集合中外的精華，防止一切的流弊，便要採用外國的行政權、立法權、司法權，加入中國的考試權和監察權，連成一個很好的完璧，造成一個五權分立的政府」，[34]來兼取中西人治法治之長而去其弊。

國父主張五權分立，還有一重深意：就是三權分立是基於分權學說，認爲權力沒有限制，便會流於專制，要以權力限制權力來保障人民自由，而政府的功能卽在維護人民自由。我國的政治哲學則以仁爲本，要爲人民解決問題，增進福利，爲政者無論身居何位，都要各盡其職能去爲人民服務。所以五權分立只是職能的分工，目的在建立萬能政府，造成民有民治民享的國家。

所以，五權分立制是在歐美三權分立制與我國固有制度中，兼採兩者之所長而棄其所短而成的。國父說：「今以外國輸入之三權，與我國固有之二權，一同採用，乃可與其競爭，不致追隨人後，庶幾民國駕於外國之上也」[35]。寥寥數語，道破了五權分立的由來，也說明了五權憲法的理由與目的。

(二) 五權分立與三權分立的區別

五權分立雖然是由三權分立演進而來，但它和三權分立的區別，決不是「五」和「三」兩個數字不同那樣簡單，至少我們可以指出左列三點：

第一、三權分立的基礎是分權學說，五權分立的基礎則是權能區分。分權學說認爲要保障人民自由，必須施行法治，孟德斯鳩便說：「無論誰掌握了大權，都會把他的威權施用到極點，……要制止威權的濫用，必須用權力來牽制權力」。[36]五權分立則認爲只要人民有權，便不怕政府萬能，而且要有萬能的政府，才能爲人民謀福利。前者目的在防止專制，保障自由，後者目的在發揮政府功能，爲人民謀福利。

第二、三權分立僅注重治法，五權分立則治法與治人並重。三權分立因爲僅注重治法，所以它以法律爲標準，把國家權力分爲制定法律（立法）、執行法律（行政）、解釋與適用法律（司法）三種。五權分立則認爲徒法不能自行，要政治修明，固然要有治法，同時要有治人，所以，它分治權爲五種：立法司法用以管法，考試監察則重在管人，行政則執行政令。

第三、三權分立的作用在基於制衡原理，將三權分別由三個機關獨立行使，使其互相平衡，互相制肘，使政府不致侵害人民自由；五權分立的作用在基於分工原理，按事務性質分開五個部門去工作，並互相聯屬，互相濟助，使政府可以替人民謀幸福。

(三) 五權相互的關係

五權分立的作用既在互相濟助以造成萬能政府，所以五權相互間的關係，也和三權分立制三權間的關係大不相同：

第一、五權是平衡而統一的，就是說：五權一面互相平衡，無高低之別，一面力量統一，合力替人民服務。所謂平衡，就是地位相等，也就是五權都一樣高，但並不是五權都一樣大；五權之中，範圍雖或有大小之分，但地位却無高低之別，這就是平衡。所謂統一，就是力量集中，五權雖是各自獨立，各有專管，但在爲人民服務這一點上却是統一的，五權不該只是互相牽制去使力量相消，更要把力量統一集中起來，去替人民謀福利。

第二、五權是分立而相成的，就是說：五權一面各自獨立，各有權限，一面相需相成，互相合作。分立的作用是消極的防止弊害、避免專横，好像考試與行政分立以防止徇情用私，監察與行政分立以防止官吏貪瀆，立法與行政分立以防止自立自行，司法與行政分立以防止侵害民權，都是很明顯的例子。相成的作用則在積極的發揮力量，修明政治，比方考試選賢任能，監察澄清吏治，立法制定良法，司法保障民權，都足以增進行政效率，協助政令的推行，對行政都有很大的幫助，也是很明顯的事例。所以，五權分立固然要發揮分立的精神，以防止專横，更要發揮相成的作用，使五權相輔爲用，達成爲人民謀福利的目的。

第三、三權相互間的關係僅有行政與立法、行政與司法、立法與司法三種，五權相互間的關係則除了上面的三種關係外，還有行政與考試、行政與監察、立法與考試、立法與監察、司法與考試、司法與監察、考試與監察七種關係。關於這一點，我們比較下面二圖，便非常明白了：

第一圖：三權相互間的關係

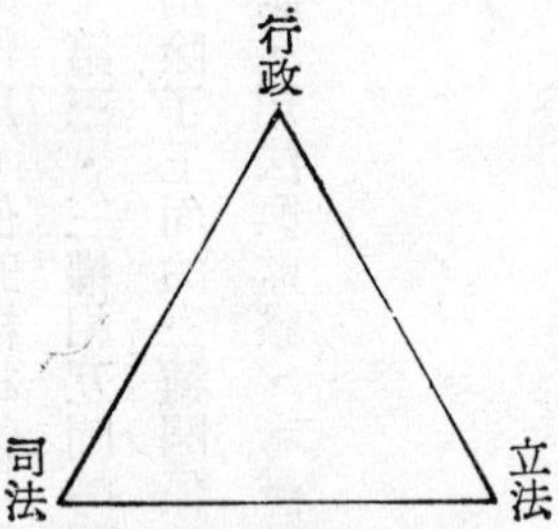

三種關係：
1. 立法與行政
2. 立法與司法
3. 行政與司法

第二圖：五權相互間的關係

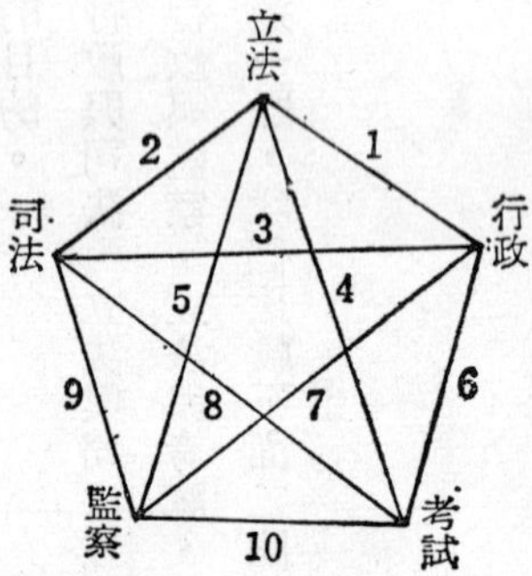

三種原有關係
1. 立法與行政
2. 立法與司法
3. 行政與司法

七種新關係
4. 立法與考試
5. 立法與監察
6. 行政與考試
7. 行政與監察
8. 司法與考試
9. 司法與監察
10. 考試與監察

由此可知，五權相互間的關係，遠較三權相互間的關係為複雜，五權雖然只比三權多了二權，相互間的關係却多了七種。如以每一權來說：在三權分立只有和其他兩權的兩種關係，在五權分立則有和其他四權的四種關係。好像行政權，除與立法、司法有分立而相成的關係外，還有和考試、監察分立而相成的關係。每一權都要受其他四權的四種限制，但也得到其他四權的四種濟助，所以，都更能充分發揮其功能。因此，三權分立的政制，只着重怎樣使三權相互間的三種關係能發揮互相制衡的作用，五權分立的政制，則務須使五權相互間的十種關係能發揮分立而相成的作用。就分立言：事權的劃分應按事務的性質，使能發揮效能，而防止專橫。就相成言：相

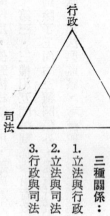

互關係應互相濟助，相需相成。這十種關係都能符合要求，便是理想的五權政制。

四、均權制度——中央與地方關係的原理

(一)均權制度的由來

均權制度是五權憲法中央與地方關係的原理，也是 國父所獨創的制度。關於中央與地方權限劃分的理論和辦法，過去各國所採行的，不外兩種制度：一是中央集權，一是地方分權。前者認地方只是中央的行政區域，權力應集中於中央；固利於統一，却易流於專制。後者認中央只是地方的聯合組織，權力應分配於地方；固利於因地制宜，却易陷於分裂。

國父看到中央集權和地方分權都各有利弊，都不適宜於中國；而中國因爲幅員廣闊，歷史上的變亂相尋，便多是由於中央與地方的權限，沒有適當的分配，不是內重外輕，就是內輕外重，歷代興亡，多由於此。所以，要解決中國政治問題，對於中央與地方權限的分配，非有一適當的安排不可。

國父對於中央地方關係的第一個決定是：中國必須是一個單一國，聯邦制絕不可行。他在民權主義第四講和中國國民黨第一次全國代表大會宣言中，曾列舉理由，痛斥當時所謂聯省自治的主張。他說：「中國的各省，在歷史上向來都是統一的，不是分裂的，不是不能統屬的，而且統

一的時候就是治，不統一的時候就是亂的」。「中國原來既是統一的，便不應該把各省再來分開，中國眼前一時不能統一，是暫時的亂象，是由於武人的割據，這種割據，我們要剷除他，萬不能再有聯省自治的荒謬主張，爲武人割據作護符」，[37]這是何等堅決的表示！

其次， 國父便提出他獨創的均權制度的主張：凡事務有全國一致之性質者，劃歸中央；有因地制宜之性質者，劃歸地方；既不偏於中央集權，也不偏於地方分權；[38]這樣，才可收統一之利，而無專制之弊，可收因地制宜之利，而無分裂之弊。所以，均權制度的創立，是由於中央集權和地方分權各有利弊，都不足採行，故採兩者之長而棄兩者之短而成的。

(二) 均權制度的理論和辦法

很多人以爲均權制度的特點，在一「均」字，均卽平均，就是要求中央和地方權力的平均，不可有輕重之別。其實，這是錯誤的。

均權制度的辦法，絕不在求權力的平均，而是要按事務的性質，來作合理的分配。 國父在中華民國建設之基礎一文中，曾有很明確的說明：「研究權力之分配，不當挾一中央或地方之成見，而惟以其本身之性質爲依歸，事之非舉國一致不可者，以其權屬於中央，事之應因地制宜者，以其權屬之地方，易地域的分類，而爲科學的分類，斯爲得之」；「權之分配，不當以中央或地方爲對象，而當以權之性質爲對象，權之宜屬中央者，屬之中央可也。權之宜屬地方者，屬之地方可也。例如軍事外交宜統一不宜紛歧，此權之宜屬中央者也，教育衞生，隨地方情況而異，此權之宜屬地方者也。更分析以言，同一軍事也，國防固宜屬之中央，然警衞之設置，豈中央所能代勞，是又宜屬之地方矣。同一教育也，濱海之區宜重水產，山谷之地宜側重礦業或林業，是固宜予地方以措置之自由，然學制及義務教育年限，中央不能不爲劃一範圍，是中央亦不能不過問教育事業矣。」㊴

這些話固然說明了均權制度的辦法，也說明了均權制度的理論根據。因爲無論主張中央集權也好，地方分權也好，都犯了同一的錯誤，就是認爲中央和地方是對立的，或認爲地方僅屬中央的區域，權力應集中於中央，或認爲中央僅屬地方的聯合，權力應分配於地方。其實中央和地方只是政府職能上的分工，兩者並不是互相對立的，分中央則成地方，合地方則成中央，應無先後之分，亦無輕重之別。所以權力的分配，應該純以事務的性質爲準，而不該以中央或地方爲對象。這就是均權制度和中央集權或地方分權根本不同的地方。

由此可知：均權制度的根本精神是在使中央和地方的權限，基於分工的原理，均衡而統一，分立而相成，正和五權分立的分工一樣；道理是相通的，所不同者，只是五權分立是政府職能橫的分工，均權制度是政府職能縱的分工而已。

此外，還有一點我們要注意的，就是中央和地方權限的分配，固然應該依照均權的辦法，就是地方中省和縣權限的分配，也應該同樣適用均權的原理，按照事務的性質，地方事務中，有全省一致的性質者歸省，有因縣制宜的性質者歸縣，這才是完全的均權制度。

五、地方自治——地方制度的原理

㈠國父的地方自治理論

地方自治是五權憲法地方制度的基本原理。前面所說的權能區分、五權分立、均權制度都是 國父獨創的制度，地方自治雖然不是 國父獨創的主張，但 國父的地方自治理論也有其獨到的見解。

國父的地方自治理論，最重要的有左列兩點特質：

第一、地方自治應該以實行民權主義和民生主義爲目的。這就是說：地方自治的實行，應該和立國主義相配合。地方自治團體的存在，應該以實行民權主義和民生主義爲目的。這樣，地方自治的內容，才不致空虛，一切自治事務的推進，才有具體的目標。另一方面，民權主義和民生主義的實行，也必須以地方自治爲基礎，民權主義的四權的行使，和民生主義對食衣住行育樂等民生問題的解決，都必得以地方爲基礎，漸次推進。沒有真正的地方自治，民權主義和民生主義的徹底實現是不可能的。而在實行民權主義和民生主義的過程中，自然也就實現民族主義，所以，地方自治也可以說是以實行三民主義爲目的。

第二、地方自治團體應不祇爲一政治組織，亦並爲一經濟組織。關於這一點， 國父在地方自治開始實行法曾有很明確的說明：「此所建議之地方自治團體，不止爲一政治組織，亦並爲一經濟組織。近日文明各國政府之職務，已漸由政治兼及經濟矣。中國古之治理，教養兼施，後世退化政府，則委去教養之職務，而聽人民各家之自養自教，而政府祇存一消極不擾民者，便爲善政矣。及至漢唐，保民理民之責，猶未放棄，故對外尚能禦強寇，對內尚能平寃屈，其後則並此亦放棄之，遂致國亡政息。……民國人民，當爲自計，速從地方自治，以立民國萬年有道之基，宜取法乎上，順應世界潮流，採擇最新理想，以成一高尙進化之自治團體，及謀全數人民之幸福。」[40]

所以， 國父所主張的地方自治，就自治團體言：不僅爲政治組織，而且爲經濟組織；就自治功能言：不僅要消極的保民理民，而且要積極的教民養民；就自治事務言：不僅辦政治事務，而且辦經濟事業；就自治目的言：不僅要實行民權主義，而且要實行民生主義。這是何等崇高博大的理想！由此也可見 國父的地方自治理論和權能區分、五權分立的目的在建立萬能政府是相同的，和五權憲法的目的在實現三民主義的思想是相通的。

(二) 地方自治的實行程序

國父的地方自治理論，不但注重地方自治的性質和目的，對地方自治的實行程序，也很重視，也有他獨到的見解。他對地方自治應該怎樣開始？怎樣進行？怎樣完成？都有很具體切實的指示。

同時，　國父認爲地方自治是憲政的基礎，要實施憲政，必須先完成地方自治，正像建屋必須先立基石一樣，一定要先有堅固的屋基，才能造成堅固的房屋，地方自治完成後，憲政的實施才有穩固的基礎。　國父對建國的程序，主張必須經軍政訓政憲政三時期，最主要的理由，也就是要在訓政時期中，完成地方自治，以爲實施憲政的基礎。

在訓政時期中，應怎樣去完成地方自治呢？國父曾手訂建國大綱和地方自治開始實行法，[41]詳予指示。其實行程序，可歸納如次：

一、開始：「政府當派曾經訓練考試合格之員，到各縣協助人民，籌備自治。」

二、進行程序：甲、清戶口。

乙、立機關。

丙、定地價。

丁、修道路。

戊、墾荒地。

己、設學校。

庚、推行合作、發展運輸交易等。

三、縣的完成：甲、全縣人口調查清楚。

乙、全縣土地測量完竣。

丙、全縣警衛辦理妥善。

丁、四境縱橫之道路修築成功。

戊、人民曾受四權行使之訓練，而完畢其國民之義務，誓行革命之主義。

四、由縣到省：「凡一省全數之縣皆達完全自治者，則為憲政開始時期，國民代表會得選舉省長為本省自治之監督，至於該省內之國家行政，則省長受中央之指揮。」

五、完　成：「全國有過半數省分達至憲政開始時期，即全省之地方自治完全成立時期，則開國民大會，決定憲法而頒布之。」

上述程序中，值得我們注意的，有左列三點：

一、地方自治的推行，應該由下而上，從基礎做起，一層一層，向上開展，這就是自治和官治不同的地方。

二、縣固然要實行自治，省也該實行自治，不過縣是地方自治單位，一切自治事務，應儘可能以縣為單位推進。省則是上級自治團體，除辦理有全省一致性質的事務外，應以監督縣自治為主要工作，這是省自治和縣自治不同的地方。

三、自治工作包括政治事務和經濟事業，各項自治基本工作中，定地價、修道路、墾荒地固然是經濟事業，就是清戶口，也以確定人民和自治團體的權利義務爲主要目的，立機關也該先建立解決人民生活問題的機關，這也是很重要的。

㈢地方自治的組織

關於地方自治團體的組織，國父在「自治制度爲建設之礎石」講詞中，曾介紹美國克利浮萊城（Cleveland）㊷一九一三年開始實行的自治組織，認爲這是當時最好的自治制度，值得我們取法。

美國克利浮萊城的自治組織是這樣的：

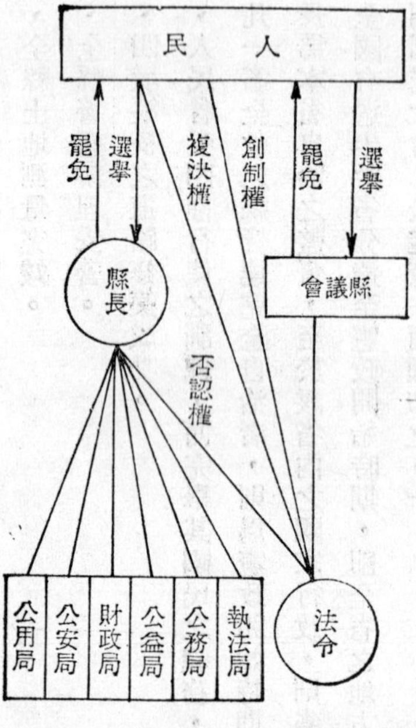

從上圖中，我們可以看到 國父所贊成的自治組織，有左列的特點：

1. 在自治組織中，人民的地位是最高的。人民對自治人員直接行使選擧權罷免權，對自治法令直接行使創制權複決權，有充分的民權。至縣長對自治法令的否認權，則是對縣議會通過的自治法令，認爲窒碍難行時，得提交複議，以更多數取決之，與人民的複決權有別。
2. 自治機關採議事機關和執行機關分立制，都由人民直接選擧罷免，分別對人民負責。前者行使屬於縣的立法權，制定自治法令，後者依據自治法令執行縣的自治事務，但得提請複議。
3. 縣政府所設的六局，不但辦理政治事務，也辦理經濟事務，如公益局卽「掌地方公益之不以利益收入爲目的者，如道路、教育、收養、醫院等」；公用局則「掌地方公業之有利益收入者，如電車、電燈、煤氣、自來水公司等」。也就是不僅要保民理民，而且要敎民養民。

六、結語

以上已就權能區分、五權分立、均權制度、地方自治四項理論，依據 國父遺敎，並就個人的體會，分別提出簡要的說明，但這四項理論，並不是各自獨立的，不但四者融會貫通合成五權憲法整個思想，而且四項理論中的道理都是相通的。

這四項理論中，自然以權能區分說爲基礎，因爲要使人民有權、政府有能，所以在地方要實行地方自治，由人民直接行使四權，並建立有能的自治機關。在中央則除由國民大會間接行使政權外，採行五權分立，以建立萬能政府。至中央與地方權限之劃分，亦依均權的原則，按事務的性質來分工。所以，這四項理論是連貫在一起，結合為一體的，而其共通的道理則是我國傳統文化的中庸之道，求力量的均衡和調和。

國父說：「政治裡頭有兩個力量，一個是自由的力量，一個是維持秩序的力量。政治中有這兩個力量，好比物理學裡頭有離心力和向心力一樣。……總要兩力平衡，物體才能保持平常的狀態。政治裡頭的自由太過，便成了無政府，束縛太過，便成了專制。中外數千年來的政治變化，總不外乎這兩個力量之往來的衝動」。[43]所以，國父認為：「憲法在政府中的作用，好比是一架機器」，「政治上的憲法，就是支配人事的大機器，也是調和自由和專制的大機器。」[44]

因此，在五權憲法中，首先要人民和政府的力量均衡調和，所以要將權能區分，「用人民的四個政權，來管理政府的五個治權，……人民和政府的力量，才可以彼此平衡，互相調劑，不相衝突……有了這九個權彼此保持平衡，民權問題才算是真解決」。[45]其次，人民的權也要互相均衡調和，選舉和罷免，創制和複決便是一放一收，相互平衡的，而且兩權管人、兩權管法，也是相互平衡的。第三、政府的能，也要互相均衡調和，因此，在中央依橫的分工，採五權分立，使五權平衡而統一，分立而相成。在中央與地方之間，依縱的分工，採均權制度，使中央與地方的權限，也平衡而統一，分立而相成。在地方，自治機關採議事與執行分立制，也是使兩者平衡而統一，分立而相成。所以，四項理論的共通道理都在求「兩力相等，兩力調和，才能夠令萬物均得其平，成現在宇宙的安全現象」，也就是中庸的「致中和，天地位焉，萬物育焉」的「中和」的道理。而且力量的均衡調和，並不單是消極的防止暴亂和專制，而更有其積極的作用，集中力量，發揮相輔相成的功能，其共同的目的，則在實現三民主義，解決人民生活問題，建設富強、康樂的國家。

自然，五權憲法的思想是源自歐美的民主憲政，但正如 國父所說：「余之謀中國革命，其所持主義，有因襲吾國固有思想者，有規撫歐洲之學說事蹟者，有吾所獨見而創獲者」[46]五權憲法便是融貫古今中外的政治思想憲法思想而創造出來的結晶，我們必須從古今中外的政治思想和 國父的整個思想體系中去深入研究，才能領略其精義。 國父既留給我們這樣博大精深的憲法思想，應該怎樣去研究發揚和實踐、力行，使其能貫徹實施，成為建設三民主義新中國的大機器，該是我們共同應盡的責任。

註釋

❶ 國父演講：「五權憲法」（民國十年，一九二一年七月），「國父全集」，臺北，中國國民黨中央委員會黨史委員會，民國六十二年六月，第一冊，頁四一二。

❷ 國父論著：「中國革命史」（民國十二年一月），「國父全集」，第二冊，頁一八五。

❸ 王寵惠先生所撰「五權憲法」、「憲法提要」二文，載於中國五權憲法學會編「五權憲法文獻輯要」，

臺北，帕米爾書店，民國五十二年九月。

❹ 國父於民前六年十月十七日（一九〇六年十二月二日）：在東京舉行之民報一週年紀念會中發表演講，曾謂：「將來中華民國的憲法，是要創一種新主義，叫做『五權分立』」。參閱 國父演講：「三民主義與中國民族之前途」，「國父全集」，第二册，頁二〇三。

❺ 參閱「中華革命黨總理誓約」，「中華革命黨總章」（民國三年七月八日）「國父全集」，第二册，頁九三八——九四六。

❻ 國父於民國十年（一九二一年）三月六日，發表「三民主義之具體辦法」演講中曾謂：「我們底革命，乃主張三民主義五權憲法的革命……。」參閱「國父全集」第二册，頁四〇三。

❼ 同❷，頁一八二。

❽ 國父：「致香港總督歷數滿清政府罪狀並擬訂平治章程請轉商各國贊成書」（民前十二年，一九〇〇年），「國父全集」，第一册，頁七六一。

❾ 同❹。

❿ 國父：「民權主義」，第五講。「國父全集」，第一册，頁一二五。

⓫ 「訓政」爲國父所主張實行憲政前之政治形態，其在「滋長人民政治的智識，養成人民政治的能力，使人民能夠直接參加政治，管理政治；經過訓政以後，人民了解三民主義、五權憲法的原則，開始憲政。以政權還於人民」。

⓬ 國父演講：「五權憲法」，民國十年（一九二一）七月；「國父全集」，第二册，頁四二三。

⑬ 國父：「三民主義自序」，民國十三年三月三十日。「國父全集」，第一册，頁一〇。

⑭ 國父：「建國大綱」。「國父全集」，第一册，頁七五一。

⑮ 參閱「中國國民黨黨章政綱集」（「革命文獻」，第七十輯），臺北，中國國民黨中央黨史會，民國六十五年九月，頁一三五。

⑯ 中國國民黨宣言（民國十二年一月一日），參閱「中國國民黨宣言集」（「革命文獻」，第六十九輯），臺北，中國國民黨中央黨史會，民國六十五年六月，頁六八。

⑰ 蔣總統講演：「認識環境與遵循政策的必要」，民國三十五年三月四日在六屆二中全會紀念週講演。中央執行委員會編印，「中國國民黨第六屆中央執行委員會第二次全體會議紀錄」，南京，民國三十五年三月。

⑱ 國父：「民權主義」，第五講。「國父全集」，第一册，頁一一九。

⑲ 同⑫。

⑳ 國父論著：「中華民國建設之基礎」，民國十一年（一九二二）。「國父全集」，第二册，頁一七九。

㉑ 國父於「三民主義自序」中曾謂：「不期十一年六月十六日，陳炯明叛變，砲擊觀音山，竟將數年心血所成的各種草稿，並備參考之西籍數百種，悉被燬去，殊可痛恨。」，參閱「國父全集」，第一册，頁一。

㉒ 國父：「民權主義」，第五講。「國父全集」，第一册，頁一二六。

㉓ 同⑫，頁四一六。

㉔ 國父於「孫文學說」中，研究「知」與「行」的關係，並闡明「知難行易」的道理。參閱「國父全集」，第一册，頁四一九——五〇六。

㉕ 國父：「民權主義」，第五講。「國父全集」，第一册，頁一二九——一三六。

㉖ 國父：「民權主義」，第一講。「國父全集」，頁六三。

㉗ 國父：「民權主義」，第六講。「國父全集」，第一册，頁一五一。

㉘ 國父：「建國大綱」，第二十四條。「國父全集」，第一册，頁七五三。

㉙ 同⑳。

㉚ 國父：「民權主義」，第五講。「國父全集」，第一册，頁一二八。

㉛ 中國國民黨第一次全國代表大會宣言，民國十三年一月三十一日，「中國國民黨宣言集」（「革命文獻」第六十九輯），頁九〇。

㉜ 國父演講：「國民黨奮鬥之法宜兼注重宣傳不宜專注重軍事」，民國十二年十二月三十日。「國父全集」，第二册，頁五九七。

㉝ 同⑳。

㉞ 國父：「民權主義」，第六講。「國父全集」，第一册，頁一五四。

㉟ 國父演講：「採用五權憲法之必要」（另標題爲「憲法之基礎」）民國五年七月二十日。「國父全集」，第二册，頁三五九。

㊱ Baron de Montesquieu, "The Spirit of the Laws" Vol. XI, Chap. 4 孟德斯鳩：「法意」（或譯作

「法律的精神」）第十一卷，第四章。

㊲ 國父：「民權主義」，第四講。「國父全集」，第一册，頁一〇九。

㊳ 參閱　國父：「建國大綱」，第十七條。「國父全集」，第一册，頁七五二——七五三。

㊴ 同⑳。

㊵ 國父論著：「地方自治開始實行法」（民國九年三月一日）。「國父全集」第二册，頁一七四。

㊶ 同㉘，頁七五一——七五三；同㊵，頁一六九。

㊷ 即克利夫蘭市（Cleveland），美國俄亥俄州（Ohio）東北部一城市。

㊸ 同⑫，頁一六——四一七。

㊹ 同⑫，頁四二〇——四二一。

㊺ 國父：「民權主義」第六講，「國父全集」第一册，頁一五三。

㊻ 同②，頁一八一。

貳、從五權憲法的理論到中華民國憲法的制定

五權憲法的理論，爲　國父所首創，　國父雖畢生以實行三民主義、五權憲法爲其職志，但在他生前，却始終沒有機會從事制定和施行五權憲法。

國父在民國創建之初，就任臨時大總統時，雖曾制定中華民國臨時約法，但這並不是　國父的主張。　國父認爲革命的進行必須自軍政時期，經由訓政時期，進入憲政時期，始能蕩滌舊汚，促進新治。但當時大家都忽視革命方略，而亟圖制定臨時約法，且徒知襲取歐美三權分立之制，而置五權憲法於不論。所以，　國父說：「在南京訂出來的民國約法裏頭，祇有『中華民國主權屬於國民全體』的那一條，是兄弟所主張的，其餘都不是兄弟的意思」。(見五權憲法講詞)。

其後，由討袁至護法，　國父雖先後在廣州就任軍政府大元帥、非常大總統和設立大本營，要以廣東爲革命基地，致力統一全國，但直到他逝世，尚未能完成統一，全國仍在軍政時期，自

無從制定和施行五權憲法。

國父生前雖未制定和施行五權憲法，但他除在各項遺敎中闡述五權憲法的理論外，曾在民國三年，手訂中華革命黨總章，規定協贊會分爲立法、司法、監督、考試四院，與本部並立爲五，並明定各院的組織與職掌，以「使人人得以資其經驗，備爲五權憲法之張本」。民國九年，曾手訂地方自治開始實行法，規定地方自治之實施程序和自治團體的性質與目的。民國十三年，更手訂國民政府建國大綱，規定憲政實施的程序和各時期的宗旨、工作與憲法頒行的程序。這些文獻，都足供制定和實施五權憲法的重要參考。

國父逝世後，先總統 蔣公繼承遺志，領導革命，便以實現三民主義、五權憲法爲奮鬪目標。首先，誓師北伐，統一全國，完成了軍政時期的工作，便於民國十七年定都南京，頒布訓政綱領，實施訓政，並修正國民政府組織法，成立五院，建立五權規模。旋於民國廿年召開國民會議，制定訓政時期約法，全面推行訓政。而由訓政進入憲政，必須先從事憲法草案之擬訂，民國廿一年十二月，中國國民黨四屆三中全會決議擬定廿四年三月召開國民大會，制定憲法，並由立法院從速草擬憲法草案，立法院乃於廿二年特設憲法草案起草委員會，從事草擬憲法草案，以爲實施憲政的準備。

中華民國憲法草案的草擬，由民國廿二年一月立法院成立憲草起草委員會開始，歷經審議修正，至民國廿五年完成，由國民政府於同年五月五日公布，就是後來所稱的「五五憲草」。憲草完成後，原擬於民國廿六年十一月召開國民大會，制頒憲法，不料廿六年七月抗戰爆發，國民大會不得不延期召開。抗戰期間，國民參政會爲促進憲政，曾就憲政草案詳加研討，提出意見。至抗戰勝利，政府卽積極籌劃，實施憲政，幾經波折，才將憲法草案再加修正，於民國卅五年十一月召開國民大會，於同年十二月廿五日制定中華民國憲法，由國民政府於卅六年一月一日公布，自同年十二月廿五日施行。

由上經過，可知中華民國憲法的制定，是由民國廿二年開始起草，至民國卅五年十二月完成，歷時凡十四年。而其施行則自民國卅六年十二月開始，迄今已逾卅二年。自然中華民國憲法是依據　國父的五權憲法理論制定的，憲法前言中，也明白宣示：國民大會是「依據孫中山先生創立中華民國之遺敎，爲鞏固國權，保障民權，奠定社會安寧，增進人民福利」，而制定本憲法。所以，中華民國憲法可說是依據　國父五權憲法思想所制定的第一部憲法，也是各國憲法中的第一部五權憲法。雖然有人認爲這一部憲法並不是五權憲法，但從這一憲法的制定過程，我們便可以瞭解：五權憲法在理論上是憲法學的一種學說，在實踐上是憲法的一種分類，而不是一部固定的憲法的名稱，只要是依據五權憲法的理論而制定的憲法，便是五權憲法。在中華民國憲法的制定過程中，便曾有各種不同的草案，這些草案內容雖各有不同，但其基本精神和主要內容是一貫的，只要基本精神和主要內容不違反五權憲法思想，便都是五權憲法。因此，探討中華民國憲法制定過程中歷次草案的演變，可使我們對五權憲法理論有更深切的認識和瞭解。

中華民國憲法的制定過程，可分爲三個階段：一是由民國廿二年立法院成立憲法草案起草委員會起至廿五年公布「五五憲草」，二是抗戰期間對憲法草案的硏議，三是由抗戰勝利到召開制憲國民大會制定憲法。第一階段又可分三個時期：第一時期是由憲法起草委員會議訂起草原則到完成初稿，第二時期是將初稿審查修正到完成第一次草案，第三時期是將憲法草案審議修正到正式公布。第一時期自立法院憲法草案起草委員會成立後，爲進行起草工作，先議訂了起草原則廿五項，這廿五項是制定憲法的最初原則，雖然有些原則其後已有修正，但也有些原則一直貫徹於現行憲法，很值得我們注意和參考：

一、中華民國爲三民主義共和國。
二、中華民國主權，屬於國民全體。
三、中華民國領土採概括式之規定，領土非經國民大會議決，不得變更。
四、中華民國國旗定爲紅地，左上角靑天白日。
五、中華民國人民，無男女、種族、宗教、階級、職業之區別，在法律上一律平等。
六、中華民國人民有依法律行使選舉、罷免、創制、複決之權。
七、人民有身體、遷徙、居住、言論、著作、信仰、宗教、結社、集會等自由。
八、人民有納稅、服兵役、服公務之義務。
九、國民大會由每縣或其同等區域選出代表一人組織之。其代表之選舉，應以普通、平等、直接之方法行之。

十、凡國民年滿二十歲者，有選舉代表權，年滿二十五歲者，有被選代表權。

十一、國民大會每三年開會一次，會期爲一個月，必要時得召集臨時會。

十二、國民大會之職權爲選舉或罷免中央重要官員、創制或複決法律、修改憲法與核批各院報告。

十三、關於中央事權，採列舉方式。

十四、關於地方事權，採概括方式。

十五、設總統、副總統，由國民大會選舉，軍人非退職後，不得當選總統。

十六、總統爲國家元首，不直接負行政責任。

十七、行政院長由總統經立法院之同意任免。

十八、考試司法兩院院長、立法委員、監察委員，由國民大會選舉，立法院院長、監察院院長，由各該院委員互選。

十九、司法行政隸屬於司法院。

二十、總統任期六年，不得連任，考試司法兩院院長、立法委員、監察委員任期均爲三年。

二十一、立法委員名額，不得超過二百人；監察委員名額，不得超過五十人。

二十二、省毋須制定省憲。

二十三、省應採省長制，省長以民選爲原則，但在一省全數之縣未完成自治之前，暫由中央任命。

二十四、省設省參議會、省政府、省民代表會。

二十五、縣制遵照 國父遺教起草，不另定原則。

起草原則議訂後，起草委員會由院長孫科兼委員長，先後指定副委員長張知本、吳經熊，委員傅秉常、焦易堂、陳肇英、馬寅初、吳尙鷹爲主稿委員，並由各主稿委員推定吳經熊擔任初步起草工作，於廿二年六月擬成「憲法草案初稿試擬稿」，並由吳經熊以私人名義在報章發表。試擬稿發表後，立法院收到各方意見甚多，同時，起草委員張知本、陳長蘅、陳肇英亦各擬有初稿條文，乃由各主稿委員以吳經熊試擬稿爲基礎，參酌各方意見及張委員等初稿，開會審查，擬成「憲法草案初稿草案」，然後提出憲法起草委員會逐條討論，至廿三年二月修正通過「憲法草案初稿」，並由立法院於三月一日將全稿公佈，徵求國人意見。

憲法草案的初稿試擬稿、初稿草案和初稿，雖然都是依據起草原則而草擬，但體制和內容却差別很大：

一、體制上初稿試擬稿分五編，除第一編爲總則，第五編爲憲法之保障外，分列民族、民權、民生三編，以與三民主義相呼應。初稿草案和初稿則都分爲總綱、人民之權利義務、國民經濟、國民教育、國民大會、中央與地方之權限、中央政制、省、地方政制、附則十章。

二、關於總則和人民權利義務的規定，三稿大都相同，不同者爲關於領土的規定，初稿試擬稿採概括式，初稿草案及初稿採列舉式。關於人民權利，初稿試擬稿規定較詳，如規定違反身體自由之規定者，均以私禁論罪，並負損害賠償之責；人民有爲行政訴訟、國事訴訟、民事訴訟、刑事訴訟之權，國家得設法律專員指導訴訟程序及出庭辯護；並規定人民有依法律監督財政之權，均爲初稿草案及初稿所無。關於人民義務，初稿草案及初稿規定人民有服工役之義務，則爲初稿試擬稿所無。

三、關於國民大會代表，初稿試擬稿僅規定由縣市選舉，初稿草案增列僑民選舉，初稿更增列蒙藏選舉。國民大會職權，除選舉罷免總統、副總統、立法委員、監察委員、司法院院長副院長、考試院院長副院長、複決法律、制定及修正憲法、收受國民政府之報告及受理國民政府提請解決事項，爲三稿所同外，其餘規定，初稿試擬稿範圍較廣，如對其他人員之罷免，初稿試擬稿規定得罷免國民政府之其他公務員，初稿草案限於行政院院長副院長，初稿則限於行政院院長；創制權初稿試擬稿規定得提出法律案於立法院，初稿草案及初稿則限於創制立法原則。此外，初稿試擬稿並規定國民大會有受理人民之請願、對於國家大政方針提出意見及對於國民政府提出質問之權，但同時亦規定國民大會之議決不得涉及變更國體與移轉主權，此等規定均爲初稿草案及初稿所無。至國民大會之會期則三稿均定爲每三年召集一次，會期以一個月爲限，初稿試擬稿規定國大代表之任期爲三年，於次屆常會前一日解除職務，除常會外，遇有規定事由得開臨時會，初稿草案及初稿則規定國大代表於閉會之日解職，另設國民委員會於閉會期間接管秘書處，籌備下屆大會，並受理彈劾案及於規定事由時召集臨時國民大會，兩稿均規定國民委員會設委員廿一人，由國民大會選出，而不以國民大會代表爲限。但當選資格及職權，則兩稿略有不同。

四、關於中央政制，三稿均規定由總統及五院組織國民政府，而均對國民大會負其責任，初稿試擬稿並規定國民政府設國務會議，解決兩院以上有關事項，初稿草案及初稿則無國務會議之規定。關於公布法律、發布命令、統率陸海空軍、宣戰媾和締約等，三稿均認屬國民政府之職權，而由總統代表行使，並均明定公布法令除由總統署名外，須經主管院院長副署，也都規定五院院長均得依法發布命令。此外，初稿草案和初稿都列舉國民政府有宣布戒嚴解嚴、行使大赦特赦減刑復權及授與榮典之權，初稿試擬稿則未予規定。至總統副總統，三稿均規定由國民大會選舉，任期六年，初稿試擬稿規定不得連任，初稿草案及初稿則規定連選得連任一次；被選年齡初稿試擬稿規定爲三十五歲，初稿草案及初稿則規定爲四十五歲；選舉方法初稿試擬稿有原則之規定，分初選與決選兩程序，而以決選最多票爲總統，次多票爲副總統，初稿草案及初稿則不予規定，而以法律定之。

五、關於五院之組織與職權，三稿均規定五院爲國民政府行政、立法、司法、考試、監察之最高機關，但其次序，初稿試擬稿以立法爲先，初稿草案及初稿則以行政爲先。行政院之組織，三稿均規定設各部各委員會分掌行政職權，並設行政院會議，決議提出於立法院之法律案、預算案、大赦案、戒嚴案、宣戰案、媾和案、條約案等及各部會有關事項。行政院首長之任免，初稿試擬稿規定院長副院長均由總統提交國民政府任命，而總統就行政院所轄事項，與行政院長對國民大會連帶負責，初稿草案規定由總統提經國民大會或國民委員會之同意任免；初稿則僅規定院長由總統提經國民大會或國民委員會之同意任免，如經立法院提出不信任案或監察院提出彈劾案，經國民委員會決議接受時，行政院長應即去職。立法院之職權，三稿均規定有議決法律案、預算案、戒嚴案、大赦案、宣戰案、媾和案、條約案及其他關於重要國際事項之權，立法委員由國民大會選舉，名額不得超過二百人，任期三年，連選得連任，初稿草案及初稿並規定其名額之分配應以區域、職業及品學爲標準，人選不以國民大會代表爲限。此外，三稿不同者，初稿試擬稿規定總統及行政司法考試監察各院院長均得向立法院提出法律案，對立法院議決之法律案，總統與五院院長或二以上之院長得於公布前聯名提請複議，如複議後仍持前議，不得再交複議；初稿草案及初稿則規定行政司法考試監察各院關於主管事項得向立法院提出議案，而總統不在內，總統對立法院之議決案，則得於公布前提交複議，而無須院長之聯名，複議時並須經三分二以上決議維持原案，始不得再交複議。初稿草案並規定立法院對行政院政治之設施或法律案之執行，認爲不當時，有提出質詢之權；初稿更規定立法院對行政院質詢之答覆，認爲不滿意時，得經三分二之決議，提出不信任案，頗饒內閣制之意味。司法院的組織和職權，三稿均規定司法院設院長副院長各一人，任期三年，連選得連任；司法院掌理司法審判及司法行政，最高法院並有統一解釋法令之權。但司法院掌理審判之範圍及其所屬機關，則三稿不一：初稿試擬稿司法院設最高法院及各級法院，掌理民刑審判，並設專部掌理司法行政，另在憲法之保障編規定設國事法院，掌理解釋憲法、解決機關權限爭議、受理行政訴訟、受理公務員彈劾案件並懲戒被彈劾人等事項，其所爲之決定及解釋，並有拘束普通法院之效力。初稿草案規定司法院設最高法院、行政法院、公務員懲戒委員會及司法行政部，而無國事法院之設置。初稿則規定司法院僅設最高法院及公務員懲戒委員會，民事刑事行政及其他一切訴訟均由法院審理，不另設行政法院，司法行政亦由司法院直接掌理，而不另設部。考試院之組織及職掌，三稿均規定考試院院長副院長任期三年，連選得連任，公務人員任用資格、公職人員候選資格與專門職業及技術人員執業資格須經考試銓定，其不同者爲考試院之所屬機關，初稿試擬稿僅規定考試院得設部會辦理考試及銓敍事務，初稿草案明定考試院設考選委員會及銓敍部，初稿則規定考試院僅設銓敍部，考選事務殆係由考試院直接掌理，而不另設考選委員會。至監察院組織及職掌，三稿均規定監察委員名額不得超過五十人，院長副院長由監察委員互選，監察院除掌理彈劾外，並掌理審計，但審計機關則初稿試擬稿規定爲審計部，設部長次長，初稿草案及初稿規定爲審計委員會，以審計委員五人組成，並互選一人爲委員長。

六、關於中央與地方之權限，三稿均依據起草原則，列舉中央之權限，而未列舉者均屬於地方，並均明定採均權制之原則。所不同者，初稿試擬稿將中央之事權，分列爲「由中央立法並執行」、「由中央立法執行或由地方執行」兩類，未列舉之事項則規定「由地方立法並執行，但其性質與中央及地方均有關係者，得由中央立法執行或委託地方執行，或由中央規定原則，由地方立法並執行，惟在中央未有表示以前，其管轄權屬諸地方」；初稿草案及初稿則僅就立法權之劃分，加以規定，列舉立法權屬於中央之事項，而未列舉事項則規定「得由地方制定單行規章，或由中央規定原則，由地方制定規章，但地方之規章與中央法律牴觸者無效」。至劃歸中央事權之內容，則三稿大致相同，無甚區別。此外，初稿草案及初稿對地方事權雖採概括方式，但在地方政制，對縣市自治事項則仍作列舉之規定。

七、關於地方政制，初稿試擬稿分列省、縣、市三節，省設省民代表會，代表省民行使省政權，除選舉省長省參議員外，並得向立法院提出法律案及複議案。省長一面受中央指揮執行省內國家行政，一面代表省民處理省務，監督全省縣自治，其人選由省民代表會選舉三人報請國民政府擇一任命。省參議會則議決省預算決算募債及單行規章，並建議省政興革。縣市政權則由人民直接行使，分設縣市長及縣市參議會，縣市長由縣市民選舉後提請任命，受上級之指揮，綜理縣市政務，縣市參議會職權則與省參議會同。其所規定之省縣市均非完全自治。初稿草案及初稿則將省列於地方政制之外，另爲一章，地方政制章則分縣市兩節，明定省爲中央直接管轄之行政區域，省設省參議會及省政府，參議會除審議省預算、議決單行規章外，並得向立法院提出關於省之法律案，省長則由參議會就行政院所提出之五人中選出一人，由國民政府任命，受中央政府之指揮，執行省內中央行政，並監督地方自治。縣市則明定縣爲地方自治單位，市爲自治團體，並列舉其自治事項，縣市民得依法行使政權。縣市設縣市議會及縣市政府，縣市議員及縣市長均由人民直接選舉，縣市辦理縣市自治，並受上級指揮執行中央行政事務，其對省及縣市性質與地位之規定，較爲明確。

八、關於基本國策，初稿試擬稿規定頗詳，民族編有民族之維護、民族之培養兩章，民生編有國民生計、國民教育兩章，均爲基本國策之規定。初稿草案及初稿則均設國民經濟、國民教育兩章，就基本國策加以規定，其規定雖詳簡不一，但其內容係以三民主義爲準據，規定國家之基本政策，則無二致。

由上比較，可見憲法草案在起草初期，雖有起草原則之議訂，惟其體制內容則頗多不同之構想與設計。初稿試擬稿頗多創新，同時期之張知本等委員之私擬稿亦多創意，初稿草案係綜合各方意見，參考各國憲法體制，整理成篇，較符合各國憲法體制，初稿則係以初稿草案爲基礎，整理修正，漸告定型。

㈢憲法草案初稿完成後，憲草起草委員會卽告結束，由立法院另派傅秉常等卅六人爲憲草初稿審查委員，綜合各方對初稿之意見，擬具審查修正案，於廿三年六月提經全體審查委員會討論，重加修正，擬成初稿審查修正案，於七月再在報章披露，廣徵民意，然後再加審查整理修正，提經立法院三讀通過，是爲憲法草案之第一次草案，於廿三年十一月由立法院呈報國民政府。

初稿修正案和第一次草案都是以初稿爲基礎，而加以修正，其重要之修正如左：

一、國民大會改爲每二年開會一次，代表之任期爲四年，總統副總統、立法司法考試監察各院院長及立法委員、監察委員之任期，亦均改爲四年。國民大會之職權，初稿修正案爲選擧罷免上述人員、創制立法原則，複決預算案、宣戰案、媾和案、法律案、條約案、戒嚴案及大赦案，修改憲法，收受總統及立法司法考試監察四院之報告並受理其提請解決事項，第一次草案則對總統副總統、立法監察兩院院長及委員有選擧、罷免之權，對司法考試兩院院長則僅有罷免權，而無選擧權；創制複決則限於法律及修改憲法，且無政權以外之職權。又初稿修正案於國民大會閉會期間設國民大會委員會行使職權，第一次草案則無閉會期間之常設機構。

二、中央政府設總統及五院，而無國民政府之組織與名稱，總統除爲國家元首外，並兼爲行政首領，總攬行政權。行政院長及政務委員均由總統任免，各部會首長亦由總統就政務委員中任免，均對總統負其責任，行政會議亦由總統主席。

三、立法監察兩院院長由國民大會選擧，委員則由各省及蒙古西藏華僑之國民代表分別按規定名額選出，提請國民大會選擧，立法委員並得由立法院長擇有專門學識經驗人才提出候選名單於國民大會選擧之，惟名額之分配，則初稿修正案與第一次草案規定不一。立法監察兩院之職權，則兩稿相同，無甚修正，惟對彈劾案之提出，則分別規定應經監察委員若干人之提議、若干人之審查決定，始得提出，且明定對總統副總統及五院院長之彈劾案應向國民大會提出，其他公務員之彈劾案應向公務員懲戒委員會提出，但對提議與審查之人數及受理機關之規定，初稿修正案及第一次草案稍有不同。

四、司法考試兩院院長，初稿修正案規定由國民大會選舉，第一次草案規定由總統提名，經立法院同意任命，但兩案均明定其對國民大會負其責任。又司法院設各級法院、公務員懲戒委員會及司法行政部，而不另設行政法院，考試院設銓敍部，並於考試時設典試委員會，而不另設考選委員會，爲兩案所同；不同者，爲統一解釋法律命令之權，初稿修正案屬最高法院，第一次草案則屬司法院。

五、中央與地方之權限劃分，兩案均無規定，而僅列舉縣市之自治事項，殆偏於中央集權。

六、地方政制以省爲行政區域，縣市爲自治團體之原則，並無變更，僅省長改由中央政府任免，省參議會之職權亦略有變更，縣市制則無甚修正。

七、基本國策除國民經濟、教育兩章外，並增列財政、軍事兩章，且改列於中央及地方政制之後，而非如初稿之列於中央及地方政制之前。

由上所述，可見憲法草案初稿修正案和第一次草案大體上係以初稿爲基礎，而酌加修正，其最重要之修正：一爲總統兼爲行政首領，總攬行政權，行政院院長及各部會首長均對總統負其責任，而與其他四院之性質地位不同。二爲刪除中央與地方權限劃分之規定，僅列舉縣市自治事項。三爲增列財政與軍事兩章，對財政與軍事之基本制度與原則，予以明定。

憲草第一次草案經立法院通過呈報國民政府後，當經提報中國國民黨四屆五中全會，決議交中央常會核議，旋經中央常會詳加審查於廿四年十月議決原則五項：「㈠為尊重革命之歷史基礎，應以三民主義、建國大綱及訓政時期約法之精神，為憲法草案之所本。㈡政府之組織，應斟酌實際政治經驗，以造成運用靈敏能集中國力之制度，行政權行使之限制，不宜有剛性之規定。㈢中央政府及地方制度，在憲法草案內，應於職權上為大體規定，其組織以法律定之。㈣憲法草案中，有必須規定之條文，而事實上不能即時施行，或不能同時施行於全國者，其實施程序，應以法律定之。㈤憲法條款不宜繁多，文字務求簡明」。當由立法院依此原則，重加審查修正，擬成第二次草案，三讀通過後，報由國民政府提經四屆六中全會討論，提報廿四年十一月召開之中國國民黨第五次全國代表大會通過接受，並決議交由第五屆中央執行委員會依據大會通過之有關憲草各提案，加以修正。復經立法院依據中央執行委員會決議之修正意見，再加整理修正，擬成第三次草案於廿五年五月一日三讀通過，呈報國民政府於五月五日公布，世稱為五五憲草。

憲法草案修正案（第二次草案）主要的只是將第一次草案加以精簡，將省、縣、市三章合併為地方制度一章，分列三節，刪去財政、軍事兩章，並將各章中如司法、考試、監察各院的附屬機關及省參議會、縣市議會的職權等規定，均予刪除，其餘條文亦略有刪減，將原一七六條條文簡化為一五〇條。實質上之修正僅增列總統交立法院覆議之法律案，如經三分之二維持原案，得提請國民大會複決。對縣市自治事項亦不在憲法列舉，而以法律定之。此外，並無重大修正。憲草公布案（五五憲草）則有左列修正：

一、國民大會代表及總統副總統之任期均改爲六年，立法司法考試監察各院院長副院長及立監委員之任期均改爲三年，因而國民大會會期改爲每三年開會一次，其選舉罷免權行使之對象，亦因五院組織均增列副院長，而增列有關副院長之規定。

二、行政院院長副院長、政務委員及各部會首長雖仍由總統任免，各對總統負其責任，但删去總統總攬行政權之規定，行政會議亦由行政院院長主席，而非由總統主席。並增列總統得發布緊急命令及召集五院院長會商二院以上事項及總統諮詢事項之規定。

三、地方制度並無變更，僅對地方自治事項，雖仍規定以法律定之，但增列「凡事務有因地制宜之性質者，劃爲地方自治事項」之原則性規定。

四、第八章「附則」改爲「憲法之施行及修正」，並增列在全國完成地方自治之省區未達半數前之立監委員選舉任免辦法、地方自治未完成前之縣市長任免辦法等過渡時期條款之規定。第一四六條原規定「第一屆國民大會之職權，由制定憲法之國民大會行之」，嗣經國民政府於廿六年五月十八日明令删去，全文改爲一四七條。

由上所述，可見由憲草第一次草案到五五憲草，修正不多，較重要之修正有二：一爲加強總統之權責，以適應集中國力之需要，二爲精簡條文，使較富彈性，俾能運用靈活。

五五憲草公布後，政府原定於廿五年十一月十二日召開國民大會，制定憲法，並已訂頒國民大會代表選舉罷免法及國民大會組織法，積極籌備。但因各省國大代表選舉未能如期辦竣，乃決定延期舉行，俟各地代表依法選出，再行定期召集。廿六年二月復經中國國民黨五中全會決議，於是年十一月十二日召開國民大會，制定憲法，詎料七月七日，對日全面抗戰爆發，政府西遷，選務無法進行，國民大會遂不得不延期召開，制憲大業亦因而阻延。

抗戰期間，制憲工作雖未能進行，政府基於抗戰與建國同時並進之原則，仍積極致力籌備憲政，如對地方自治卽仍全力推進，對憲法草案尤不斷發動研究，廣徵民意。廿七年四月政府爲集思廣益，團結全國力量，成立國民參政會。廿八年九月國民參政會第四次大會決議，指定參政員張君勱等廿五人，組織憲政期成會，協助政府，促成憲政。當卽一面搜集憲法草案各項資料，一面推定會員擬具有待研究之問題。廿九年三月彙集各參政員及各方對憲草之意見，依據五五憲草條文，逐一討論，分別修正，擬具憲法草案修正案，經國民參政會於同年四月通過後，送達政府。卅二年九月，國民參政會第三屆第二次大會開會，國民政府　蔣主席於報告中，期望設置有關憲政籌備機構，當經大會接受，成立憲政實施協進會，以研究憲草爲其重要工作之一，嗣將研究結果，提出意見卅二條，送請政府採擇。旋經中國國民黨六全大會將上項研究結果連同各方意見，倂交中央執行委員會組織憲法草案研討委員會研議。

國民參政會先後對憲法草案提出的意見，雖僅屬研究性和建議性，憲政實施協進會固僅提出意見，而未提出修正條文，憲政期成會雖提出具體修正案，也有不少條文都有參政員持不同意見。不過這兩次對五五憲草都提出了頗多修正意見，反應了抗戰期間各方對憲法草案的不同意見。茲將其要點摘述如左：

一、總綱關於領土之規定，期成會案仍採列舉式，協進會則主採概括式，國都地點則兩案均主張不予規定。

二、國民大會代表兩案均主兼採職業代表制，協進會並認為應將職業代表與區域代表名額之百分比，加以規定。國民大會閉會期間，期成會主設議政會，除行使國民大會部份職權外，並得對行政院及各部會首長提出不信任案，及對總統及各院部會首長提出質詢，並聽取報告，職權頗為廣泛。協進會則認為立法委員既為國民大會所產生，負有部份監督政府之責，國民大會閉會期間無另設置常設機構之必要。

三、總統及五院，期成會案删去行政院及各部會首長對總統負其責任之規定；明定立法委員名額為一百人，除每省一人、蒙古西藏及僑民各二人，分由各該國民代表預選，提由國民大會選舉外，餘由院長提請總統任命；司法院不兼管司法行政，院長由總統任免，而無任期規定；考試院不列公職候選人資格考試；其餘無甚修正。協進會案則認為副總統既無專職，無設置之必要，總統因故不能視事時，可由五院院長依次代行其職權，並於六個月內補選。立監兩院委員應由國民大會選舉，司法行政仍以隸屬司法院為宜，懲戒權亦應移入司法院。

四、期成會案增列中央與地方一章，列舉中央之立法權，而未列舉事項，由地方制定單行規章，或由中央規定原則，由地方制定規章。協進會則認爲中央與省權限之劃分，憲法不必詳細規定，惟建國大綱所定「均權制度」與「省長民選」兩原則，應充分表現。

五、期成會案規定省設省議會，並列擧其職權，省長則由中央政府任免，且無任期規定。協進會則認爲「省」之一節，須重行擬訂，除主張省長民選外，並認省不必另定省憲，而未設省之區域，其政治制度應另節規定，不必附於省之一節。

六、期成會案對縣制無甚修正，但删去「市」之一節，僅於「縣」節中規定「市之自治除法律另有規定外，準用關於縣之規定」。協進會則對縣市無意見。

七、關於基本國策，兩案均多修正：期成會案删去敎育一章，而對國民經濟章頗有修正。協進會對兩章均提有修正意見。

八、憲法之解釋，五五憲草原定由司法院爲之，期成會案修正爲由國民大會議政會、司法院、監察院各推三人組織憲法解釋委員會爲之。協進會則主由司法院依法組織憲法解釋委員會爲之。

由此可見國民參政會前後兩案對五五憲草，頗多修正，而彼此意見，亦多分歧，固充分反應各方的不同意見，也有些地方受當時時代思潮與政治情勢的影響，如職業選擧制的採用、中央政制的調整，地方權限的重視等，均屬例證。

抗戰勝利後，政府卽積極籌劃實施憲政，同時爲謀和平建國，鞏固國家統一，求憲政之順遂實施，乃於三十五年一月，召開政治協商會議於重慶，決定就憲法草案內容，協商修改，提出修改原則十二項如左：

一、國民大會：㈠全體選民行使四權，謂之國民大會。㈡在未實行總統普選以前，總統由中央及省縣各級議會，合組選舉機關選舉之。㈢總統之罷免，以選舉總統之同樣方法行之。㈣創制、複決兩權之行使，另以法律定之。

二、立法院：爲國家最高立法機關，由選民直接選舉，職權等於各民主國家之議會。

三、監察院：爲國家最高監察機關，由各省級議會及各民族自治區議會選舉之。其職權爲行使同意、彈劾及監察權。

四、司法院：卽爲國家最高法院，不兼管司法行政，由大法官若干人組織之。大法官由總統提名，經監察院同意任命之。各級法官，須超出黨派以外。

五、考試院：用委員制，其委員由總統提名，經監察院之同意任命之。其職權着重於公務人員及專業人員之考試，考試委員應超出黨派。

六、行政院：㈠爲國家最高行政機關，行政院院長由總統提名，經立法院同意後任命之；行政院對立法院負責。㈡如立法院對行政院全體不信任時，行政院院長或辭職，或提請總統解散立法院，但同一行政院長，不得兩次提請解散立法院。

七、總統經行政院決議，得依法發布緊急命令，但須於一個月內報告立法院。總統召集各院院長會商，不必明文規定。

八、地方制度：確立省爲地方自治之最高單位，省長民選。省得制定省憲，但不得與國憲牴觸。依均權主義劃分權限。

九、人民之權利義務：應享有民主國家人民一切之權利及自由。法律規定應出之於保障精神，不以限制爲目的。

十、選舉制度應列專章，被選年齡定爲廿三歲。

十一、基本國策應包括國防、外交、國民經濟、文化教育各項。

十二、憲法之修改，應由立法監察兩院聯席會議提出，交選舉總統之機關複決。

上列原則，對五五憲草修改至多，尤其關於國民大會、行政院、立法院和地方制度部份，旨趣各異，經中國國民黨六屆二中全會審愼硏議，通過了五點決議，由國民黨代表再行協商，關於㈠國民大會爲有形組織，行使四權。㈡取消立法院之不信任權及行政院之解散權。㈢取消省憲，改爲省得制定省自治法三點，經成立協議。但關於立法院對行政院長任命之同意權及監察院之同意權兩點，則未獲協議。政治協商會議原經組成憲草審議委員會，依據修改原則，參酌各方意見，起草修正條文，但因共匪代表發表聲明，惡意指摘，致告停頓。政府乃本容忍退讓委曲求全的一貫苦心，與各黨派及社會賢達竭誠會商，始於卅五年十一月十九日商訂憲法草案修正案，卽世稱之「政協憲草」，並經立法院於十一月廿二日完成憲法草案的立法程序，呈由國民政府提請國民大會審議。

制憲國民大會原定在卅五年五月五日召開，但因共匪多方阻撓，拒絕參加，因之一再延期，幾經波折，始於同年十一月十五日正式召開，十一月廿八日接受國民政府提出之中華民國憲法草案，即開始一讀，廣泛討論。旋分設八個審查委員會，分別審查，並設綜合審查委員會綜合審議。各代表對憲法草案，雖意見甚多，惟幾經商洽，終於十二月廿五日完成三讀，將憲法草案修正通過，而制定中華民國憲法，送由國民政府於卅六年一月一日公布，定於同年十二月廿五日施行。

制憲國大通過的憲法，係以政協憲草為基礎，而經審愼研議，加以修正，較重要者有左列九點：

一、總綱部份删去國都定於南京的規定。

二、人民之權利增列生存權、工作權之規定。

三、國民大會代表增列職婦團體選舉，而删去立監委員參加國民大會之規定，並明定現任官吏不得於其任所當選為國大代表。

四、行政院增列行政院會議之組織成員，並規定於會計年度結束後四個月提出決算於監察院。

五、立法委員增列邊疆民族及職業團體選舉，並將立法院之審計權，改列於監察院，但審計長之任命須經立法院同意，並須向立法院提出決算之審核報告。

六、司法院爲國家最高司法機關，而非最高審判機關，除掌理民刑行政訴訟之審判及解釋憲法外，並掌理公務員懲戒及統一解釋法令。

七、考試院院長由總統提名，而非由考試委員互選。

八、監察院行使同意、彈劾、糾舉及審計權，而非同意、彈劾及監察權。並增列華僑團體選舉監察委員之名額。

九、中央與地方之權限增列由縣立法並執行事項，並規定屬於地方之剩餘權，有全省一致性質者屬於省，有一縣之性質者屬於縣。

十、「省縣制度」一章改爲「地方制度」，並增列保障蒙藏自治制度及縣得召開縣民代表大會制定縣自治法之規定。

十一、將「選舉」章改爲「選舉、罷免、創制、複決」，對四項政權，均予規定。

十二、基本國策章分列國防、外交、國民經濟、社會安全、教育文化、邊疆地區六節，其內容亦予充實。

十三、憲法之修改，除立法院之修憲案應提國民大會複決外，國民大會得依規定程序修改，而無須議決修改原則，交立法院制成修正案，再提請複決。

由上所述，可見自五五憲草公布後，抗戰期間國民參政會卽曾提出若干修正意見，抗戰勝利後政協憲草修改原則對五五憲草尤多修正，其後政協憲草與制憲國大通過之憲法，大體係以政協修改原則爲基礎，政協憲草雖修正之點不多，惟均甚重要。制憲國大經審慎研議，更多修正，且多頗關重要。足見我國憲法制定過程之曲折頓挫，固爲各國制憲史所少見，其歷次憲法草案修正之多與變更之大，亦爲各國制憲史所罕見。

自民國廿二年立法院憲草起草委員會之憲草初稿試擬稿，至卅五年制憲國民大會制定之中華民國憲法，雖憲法草案屢經修正，但大體上均係以五權憲法理論爲其主導思想。而由上述經過與比較，我們可以看到：初期由於對五權憲法的構想與設計不一，意見頗爲分歧，形成各種不同的草案，內容反復變更，可說是尙無定見。直到五五憲草始綜合各方意見完成較完整的草案，且經公布研討，漸爲各方所接受。但在抗戰期間又有各種不同的意見，到了政協修改原則，更是對五五憲草的一大反響，有些地方甚至根本違反了五權憲法的原理。但其後的政協憲草尤其制憲國大所通過的憲法，則又分別作了重大的修正，維持了五權憲法的基本理論和精神。

對於制憲國大所通過的現行憲法，雖然各方評價不一，是否符合五權憲法，更有不同的意見。但我們知道：憲法不是純理論的產物，而必須適應國家的實際需要。五權憲法是憲法學的一種學說，而不是一部憲法的名稱，凡是依據五權憲法的理論來制定的憲法，便是五權憲法，而且五權憲法的理論也不是一成不變的， 國父生前的五權憲法思想便曾不斷發展，今後的五權憲法理論也須不斷發揚光大，依據五權憲法理論制定的憲法更須適合空間時間的實際需要，才能使五權憲法思想弘揚於世界。而五權憲法的基本理論在權能區分、五權分立、均權制度與地方自治，這都正是我國現行憲法的特質，怎能說現行憲法並非五權憲法呢？

民國卅五年十一月廿八日，先總統　蔣公以國民政府主席身分將憲法草案提出於制憲國民大會，曾致辭說：「中華民國憲法草案的成立，前後計歷十四年的時間，曾經多次的修改，今天才由國民政府提請國民大會審議。……各位代表諸君責在制憲，我們所制定的憲法，不僅要求形式的完善，而且要求其能付諸實行而無窒碍。自從政府公布五五憲草以後，經過全國人民十年的研討，已經深入人心，五五憲草是根據　國父的五權憲法而制定的，大家都知道：　國父所發明的五權憲法，是世界上最新最進步的憲法。但是政府今天爲什麼要修正五五憲草？爲什麼政府今天提出的憲草與　國父的五權憲法有不能完全符合之處？這一點，本席今天要加以解釋：　國父在發明五權憲法之後，就常面示我們：『有了良好的憲法，還要有忠實施行憲法的人，最好就是由創制憲法的人來行憲，然後才能發揮憲法的精義。否則如果行憲的人不明瞭立憲的精神，行憲就不會確實而順利』。……　國父五權憲法的精義，在於權能分治，政權與治權分開，要使這個憲法的精義盡量發揮，必須具備兩個條件：第一、必須行使政權的人民具有掌握政權、確保政權的能力和習慣；第二、必須行使治權的政府能夠恪守治權的界限，不以治權侵犯政權。……對於今天國民政府所提出的憲法草案，我是贊成的，擁護的，我認爲五五憲草在今天是不適用的。……總之，我們所要制定的憲法，必須切實可行，才能使國家長治久安，建設工作得以邁進，而後民生樂利，民權自然可以一天天的發展而鞏固。到了這個時候，我相信我們 國父的五權憲法，一定能完全實施」。

這一段話，說明了憲法草案最後修正的道理，也指示了制定憲法的原則，必須適應國家情勢的需要，不僅要求形式的完美，符合建國的理想，更要切實可行，能付諸實行而無窒碍。所以，現行憲法是五權憲法在我國現階段的實踐，我們必恪遵奉行，才能建立人民有權政府有能的五權憲制，也才能建設富強康樂長治久安的三民主義新中國。

叄、五權憲法與中華民國憲法

一、總論——三民主義的憲政體制

國父說：「憲法者，國家之構成法，亦卽人民權利之保障書也」。所以，要建設一個怎麼樣的國家，便要制定構成這麼樣的國家的憲法，建立實現這麼樣的國家的憲法體制。我們旣以建設三民主義的國家爲建國目標，便要制定構成三民主義國家的憲法，建立三民主義國家的憲政體制。而構成三民主義國家的憲法便是五權憲法，三民主義的憲政體制也就是五權憲法的憲政體制。

國父所領導的國民革命的目的是創立五權憲法以實現三民主義。而這兩者關係是密切不可分的，要實現三民主義，便要創立五權憲法，而五權憲法的創立，爲的是要實行三民主義。尤其民權主義和五權憲法都以國父所獨創的權能區分學說爲其理論基礎，民權主義所主張的「人民有權，政府有能」，也就是五權憲法對人民權利和政府組織規定的基本原則。要實現民權主義，自更非創立五權憲法不可。民族主義和民生主義的實現，也必須在五權憲法中確立其基本國策和由有權的人民與有能的政府來協力推行。因此，國父在未取得政權前，早在民國三年的中華革命黨組織中，便先試行五權分立制，來做將來實施五權憲法的準備，可見他對五權憲法的重視。

但是五權憲法並不是某一憲法的名稱，而只是國父所獨創的憲法思想，也就是三民主義國家所應採行的憲法思想。而且它雖名爲五權憲法，其特點絕不僅是五權分立這一點，亦可名之爲「三民主義憲法」。而在創立五權憲法時，尤必須依據國家的政治情況和實際需要來訂定具體條文，絕不能把五權憲法看成固定的憲法，或有一定的範式或條文。國父在建國大綱第廿二條便明定：「憲法草案當本於建國大綱及訓政、憲政兩時期之成績，由立法院議訂，隨時宣傳於民衆，以備到時採擇施行」。可見他對建國程序雖有具體規定，而對憲法則只有指導原則。

要實現三民主義，不僅要創立五權憲法，更要貫徹實施，建立三民主義的憲政體制，並發揮其功能。因爲憲法之可貴，不在徒有完備的法典，而貴在徹底的實行，而且憲政不僅是一種制度，也是一種生活。關於一個國家的政治發展過程，雖有各種不同的說法，但都不外以民主、自由、法治、憲法等爲其政治發展的指標。而民主和法治，可說是一體的兩面，自由和法治更是不可分離，而三者都以憲政爲基礎，必須實行憲政，才能實現民主自由，也才能使人民的權利和自由，得到充分保障。同時，憲政是依憲施政，以憲法爲國家的根本法和最高法，也就是法律主治的法治原則更高一層的發展。所以，我們必須在憲政的基礎下，以民主政治來保障每一個人的權利和自由，以法治來維護秩序和保障全體人民的權利和自由，無論政府和人民，都要受憲法的約束和支配；在憲政體制下，大家過着民主、自由和有組織、有秩序的生活，這才能建立現代化的政治，也就是我們建國的理想和目標。

憲政體制的建立，固然要制定憲法，而且要在制憲之前，培養人民的政治認識，奠立實行憲政的基礎，在行憲之後，更要政府與人民共同信奉憲法，徹底實行，才能使憲政體制發揮其功能。所以， 國父認爲革命建國程序要分爲軍政時期、訓政時期、憲政時期三個時期，而且在完成訓政之後，制定憲法之前，還有憲政開始時期，一面要在制憲之前，厚植憲政基礎，一面要依據訓政和開始憲政的實際經驗，來制訂憲法，才能在憲法制定之後，即可貫徹實施。先總統 蔣公繼承國父遺志，領導革命大業，便遵循這一程序，致力於建立憲政體制，實現三民主義的建國目標。他在完成北伐後，便先建立五院政制，制定訓政綱領，並召開國民會議，制定訓政時期約法，全力推行訓政。但不幸在統一之後，仍變亂相尋，共匪復乘機進行武裝暴動，使訓政工作，横遭阻撓，抗戰爆發後，更須全國總動員，對日抗戰，但先總統 蔣公確定了抗戰與建國並行的方針，在抗戰中，仍積極推行地方自治，建立「新縣制」並設立國民參政會，籌劃憲政。抗戰勝利後，便積極從事於召開制憲國民大會的籌備工作，雖以共匪蓄意叛亂，諸多阻撓， 蔣公仍委曲求全，排除萬難，終於卅五年底召開國民大會，制定中華民國憲法，公布全國，並定由卅六年十二月廿五日起施行。先總統 蔣公在制憲國民大會開幕詞中曾說：「我對於結束訓政，實施憲政，以完成建國大業的希望，在此三十年之間，是沒有一時一刻忘懷的。我們革命建國的奮鬪是爲國爲民，是要實現三民主義和五權憲法的民主政治，這是我們革命的最後目標，這一個最後目標一天不能達成，就是我們 國父的遺志一天沒有達到，亦就是我們對國家對人民對五十年來的革命先烈，一天沒有盡到責任」。從我們制憲這一段艱辛曲折的過程和 蔣公這一番話，可知他對憲政的重視和實行憲政的堅決意志。

由於我們憲法制定的當時，訓政工作尚未完成，政府爲了達成建國的願望，不能不提前實施憲政；由於共匪的藉故阻撓，又不能不委曲求全，進行政治協商，所以，國民大會所制定的憲法，曾引起不少批評和指摘，認爲這一憲法違反了 國父遺敎和五權憲法思想，在這憲法制定後，便紛紛主張加以修改，致現行憲法沒有得到它應受的尊重。先總統 蔣公曾說：「憲法爲國家的根本大法，具有最崇高的權威，擁有絕對的尊嚴」，如果得不到全國人民的尊重和信奉，自難成爲全國人民奉行的制度和生活。但現行憲法是不是真的完全違反 國父遺敎？是不是真的和五權憲法思想大相逕庭呢？我們應平心加以研究：

五權憲法思想博大精深，自然不能用簡單的話來說明，而且大家對它的瞭解，也不盡相同，但我個人認爲：五權憲法的思想是由權能區分、五權分立、均權制度、地方自治四項理論融會貫通而形成的，這四項理論中，權能區分是基本的原理，五權分立是中央制度的原理，均權制度是中央與地方關係的原理，地方自治是地方制度的原理。這四者並不是各自獨立的，不但四者融會貫通合成五權憲法整個思想，而且彼此的道理都是相通的。四者都是以權能區分學說爲基礎，而以「人民有權、政府有能」爲目標。因爲要達到這一目標，在地方要實行地方自治，由人民直接行使政權，並建立有能的自治機關；在中央則由國民大會代表人民行使政權，而以五權分立建立萬能政府；至中央與地方權限的劃分，則依均權原則，按事務性質來分工，使各盡其能，爲人民服務。所以，五權憲法最重要的就是建立「人民有權、政府有能」的憲政體制，人民行使選舉、罷免、創制、複決四種政權來管理政府，而政府則行使行政、立法、司法、考試、監察五種治權來爲人民服務。

現行的中華民國憲法雖然不是最理想的五權憲法，但在基本上是符合五權憲法思想的：它在中央，以國民大會代表全國人民行使四項政權，以行政、立法、司法、考試、監察五院行使五項治權，而以總統爲國家元首並爲五院聯絡協調的樞紐；在地方，採行地方自治，由人民直接行使四權，而自治組織則採議事機關和執行機關分立制，辦理自治事項；中央與地方權限的劃分，則依均權原則，分別列舉中央、省、縣的事權。很明顯是依據五權憲法思想，採用權能區分、五權分立、均權制度和地方自治的主張。在基本國策，更確立了三民主義建設的基本政策，以建立三民主義的民主共和國。

但有些人認爲現行憲法雖採用五權憲法的形式，實質上却違反了五權憲法的精神，其中批評最多的不外左列四點：

一、關於國民大會的職權：認爲選舉權罷免權僅以總統副總統爲對象，創制權複決權又以憲法修改爲限，職權未免過狹，更有人認爲國民大會既代表人民行使政權，那麼，預算、宣戰、媾和、條約的決議權和人事的同意權，都應歸屬國民大會。自然，國民大會行使四權，應以何者爲範圍，國父遺敎沒有明確指示，自可審愼硏議，尤其選舉罷免的對象，應愼加審酌，以期恰當。至創制複決，原以訓政未完成，故暫以憲法修正爲限，自經國民大會修訂臨時條款，制定創制複決兩權行使辦法，已得爲法律之創制複決，自無問題。但人民政權爲選舉、罷免、創制、複決四權，國民大會既代表人民行使政權，其職權自應以此四權爲限，固不可減少，也不應增多，如認爲政權就是國家的主權或最高統治權，因此主張三權分立國家的國會職權，都應由國民大會行使，這很明顯是錯誤的。

二、關於立監兩院：認爲立監兩院均由民選，其職權與三權分立的國會上下兩院相似，有違五權憲法思想；又認爲立監兩院既屬治權機關，應由國民大會選舉，其職權亦應與各國國會有別。自然，政權機關與治權機關性質不同，職權有別，但其區別在前者代表人民行使四權來管理政府，後者在四權管理下行使五權來爲人民服務，立監兩院在四權管理下行使立法權和監察權來爲人民服務，並不違反治權機關的性質。但憲法第六十二條立法院「代表人民行使立法權」的規定，則易使政權機關和治權機關的性質，混淆不清，宜加考慮。至立法委員由人民直接選舉罷免和監察委員由地方議會間接選舉，也和治權機關的性質並不違背，因爲選舉罷免係屬政權，原應由人民直接行使，只因爲我國幅員廣大、人口衆多，在中央才由國民大會來間接行使，但在必要時，如能仍由人民直接行使，更可充分發揮政權的作用。所以立監兩院的組織和職權，雖然有些地方可再加研究，但在基本上並不違反其治權機關的性質。

三、關於五院的關係：認爲有些規定如行政院依憲法第五十七條對立法院負責、監察院的同意權等都偏重於互相制衡，不脫三權憲法的色彩，對總統地位的規定，也不夠明確。自然，五權分立的五權相互關係和三權分立的三權相互關係有很大的區別，三權分立是基於制衡原理，使三權互相牽制、互相平衡；五權分立則以互相濟助，造成萬能政府爲目的，五權是平衡而統一、分立而相成的，相互間固然有制衡作用，消極的防止弊害、避免專橫，但更重要的是互相濟助，積極的發揮力量，爲民服務。而且三權相互間只有行政與立法、行政與司法、立法與司法三種關係；五權相互間則除這三種關係外，更有行政與考試、行政與監察、立法與考試、立法與監察、司法與考試、司法與監察、考試與監察七種關係。這十種關係中，都一面互相限制，一面互相濟助。現行憲法對五院關係的規定，雖然稍嫌偏於互相限制，沒有充分注意其互相濟助的作用。但這是由於我們於訓政未完成前制憲，不能不稍注意五權的制衡，以防止弊端，而且五權濟助功能的發揮，主要還有賴於實際之運用，行憲以來的事實，已證明現行憲法的規定，並無礙於萬能政府的建立。至總統的地位，在五權憲法應爲國家元首，並爲五院聯絡協調的樞紐，現行憲法對後者規定雖稍嫌不足，但有些規定如憲法第四十四條的召集有關院長會商，和第五十七條行政院請立法院覆議案之核可權等，已確定這一地位，是沒有疑問的。

四、關於地方制度：認爲既以縣爲地方自治單位，省應該只是中央與地方之間的行政區域，不必實行省自治。對中央與地方權限的劃分，也有人認爲應該只劃分中央與地方的權限，不必把省和縣的權限也加以劃分。縣爲地方自治單位，的確是 國父的主張， 國父並堅決反對聯省自治。但地方自治以縣爲單位，只是在一縣內盡量實施地方自治，完成自治規模的意思，在縣之上，不妨有上級自治團體，在縣之下，亦應有其基層自治組織。 國父雖反對聯邦制的聯省自治，但並非反對省自治，以省爲上級自治團體，實有其必要。雖然政治協商會議的修憲原則，主張以省爲地方自治的最高單位，並得制定省憲，無異是變相的聯邦制，自不合國情。但現行憲法並未採納這種主張，除關於省自治和縣自治的規定，方式不一，似有點強調省自治的地位，宜加以研酌外，有關地方制度的規定，都符合五權憲法的思想。至中央與地方權限的劃分，亦符合均權制度，且中央與地方既按事務性質均權，那麼，地方之中，省和縣權限的劃分，自亦應依均權制度：有全省一致性質者歸省，有因縣制宜性質者歸縣，這正是完全的均權制度，無論理論或事實，都沒有不當。

綜上所述，可見現行憲法和五權憲法思想並沒有重大出入，雖然在它的制定過程，曾受政治協商會議的影響，但在政治協商會議中，本黨始終堅持五權憲法的原則，現行憲法之所以沒有完全按照五權憲法的理想來制定，主要的原因，還是由於制憲的時候訓政還未完成，全國人民還沒有全部經過行使政權的訓練，還需要政府來加以培育和輔導。因此，對政權的行使，不能不稍加限制，同時對治權的行使，也就要加以適當的制衡，以免發生流弊。先總統　蔣公向制憲國大提出憲法草案時，便曾很剴切的說明：「國父所發明的五權憲法，是世界上最新的最進步的憲法，但是政府今天爲什麼要修正五五憲草？爲什麼政府今天提出的憲草，與　國父的五權憲法有不能完全符合之處？這一點，本席今天必須加以解釋……　國父五權憲法的精義，在於權能分治，政權與治權分開，要使這個憲法的精義盡量發揮，必須具備兩個條件：第一必須行使政權的人民，具有掌握政權、確保政權的能力和習慣，第二必須行使治權的政府，能夠恪守治權的界限，不以治權來侵犯政權。如果行使治權的人，不能尊重政權而侵犯政權，同時行使政權的人又沒有掌握政權的能力和習慣，則其結果必致完全違反　國父創制的精神。所以五權憲法最好是由　國父本人來行使，以治權來保護政權，培育政權，養成人民行使政權的能力和習慣，使政權與治權相輔相成，政府不致於無能，人民不致於無權，才能臻於理想。……我們所要制定的憲法，必須切實可行，能使國家長治久安，建設工作得以邁進。然後民生樂利，民權自然可以一天天的發展而鞏固，到了這個時候，我相信我們　國父的五權憲法，一定能完全實現」。可見現行憲法可說是在未完成訓政前所實施的五權憲法，到了政權的行使有了穩固基礎，再加修正便可實施理想的五權憲法。

一般人對現行憲法雖然不夠認識和尊重，但自行憲以來，政府卽全心全力奉行憲法，積極推進憲政。由於行憲一開始，便值共匪全面叛亂，政府必須動員戡亂，但先總統 蔣公認爲戡亂與行憲應同時並重，要一面戡亂，一面行憲。他曾指示：「戡亂與行憲應該同等重視，我們不因戡亂而延緩憲政的實施，反之，我們正因爲要保障憲政的成功，不能不悉力戡亂，以剷除這個建國的障碍和民主的敵人。」 蔣公不但要在戡亂中繼續行憲，而且他堅決維護現行憲法，反對輕言修改。國民大會第一次會議時，便有代表提出修改憲法的主張， 蔣公堅決表示反對。政府遷臺後， 蔣公更認爲「在光復大陸、消滅共禍之前，我們更應保持這部完整的憲法，以示我們對大陸同胞付託的最大尊重」，將來要「將這一部莊嚴神聖的憲法帶同大陸，就是我們向七億同胞最好的交代」。因此，曾一再宣示反對修改憲法的主張，直到民國五十五年國民大會臨時會通過修憲問題留待光復大陸後商討進行的決定， 蔣公深爲稱許。

不過，由於共匪的叛亂，國家遭遇非常事變，使憲政的實施遭遇了很多困難，憲法有些規定未能適應事實需要而窒碍難行；也有些規定因爲事實上的困難而未能貫徹實施。後者好像憲法中的地方制度，因爲共匪叛亂而未能施行，可是，政府仍在復興基地 盡量依照憲法所定的制度來推行自治，其餘無不盡量排除困難，力求貫徹。前者雖有些規定，未能適合非常時期的需要，先總統 蔣公仍堅持遵循憲政途徑，謀求合理的解決，絕不違反憲法規定，有損憲政尊嚴。從下列事實，便可見 蔣公維護憲政、尊重憲法的苦心：

一、民國卅七年國民大會第一次會議在南京集會時，戡亂戰爭已至非常嚴重階段，許多代表都主張修改憲法，授與政府以應變之權力，以適應動員戡亂的需要。但 蔣公不以爲然，認爲臨時應變，無須修改憲法，僅同意依照修憲程序，制定動員戡亂時期臨時條款，授予政府臨機應變的權力，將憲法作臨時性的變通，而不破壞憲法的完整。此一臨時條款，授權總統爲避免國家或人民遭遇緊急危難或應付財政經濟上重大變故，得爲緊急處分；而不受憲法第卅九條和四十三條所定程序的限制。先總統 蔣公對這一緊急處分權力的行使，也至爲審慎，除了卅七、八年間因改革幣制、宣告戒嚴等，曾發布緊急命令外，自政府遷臺，廿六年間，祇曾行使一次，就是在民國四十八年因臺灣八七水災而宣告若干緊急處分，可見他對這非常權力的重視。至民國五十五年國民大會舉行第四次會議時，以戡亂戰爭已屆重要關頭，爲強固領導中心和開創新機，特修訂臨時條款，授權總統得設置動員戡亂機構和調整中央政府之行政機構和人事機構，以貫徹統帥權之行使。先總統 蔣公對此項發揮統帥職能的權力的行使，也至爲鄭重，他曾莊嚴的宣告：「中正對『統率權』的態度，是『有所爲』，而亦『有所不爲』。這就是說：凡有助於動員戡亂的行動，就是有助於憲政法治的維護，凡能啓發新機活力，有裨於反攻復國戰爭者，則當毅然爲之，凡有碍於人民生計、社會生存及其有關基本民權自由者，則斷然不爲」。因此，自此項臨時條款修訂後， 蔣公除了成立國家安全會議，以爲動員戡亂機構外，僅依此條款，頒令延長國民教育爲九年和在行政院設置人事行政局。蔣公對此項權力的重視和維護憲政的苦心，由此可見。

二、行憲未幾，大陸便告淪陷，政府遷臺，中央民意代表無法按期辦理改選，國民大會代表因憲法第二十八條第二項有「任期至次屆國民大會開會之日爲止」的明文規定，尚不發生任期屆滿的問題，立監委員的任期便發生困難，事實上既無法改選，自非繼續行使職權不可，但如果沒有合法依據，便違反憲法有關任期的規定。因此，便提請大法官會議，依據其解釋憲法的職權，於民國四十三年一月以釋字第卅一號解釋：「憲法第六十五條規定立法委員之任期爲三年，第九十三條規定監察委員之任期爲六年，該項任期本應自其就職之日起，至屆滿憲法所定期限爲止。惟值國家發生重大變故，事實上不能依法辦理次屆選舉時，若聽任立法監察兩院職權之行使，陷於停頓，則顯與憲法樹立五院制度之本旨相違，故在第二屆委員未能依法選出集會與召集以前，自應仍由第一屆立法委員監察委員繼續行使其職權」。因此，立監委員的繼續行使職權，便得到合法的解決。其後，因中央民意代表長期不能改選，未足以適應新陳代謝之需要，亦不宜使自由地區人民長此不能行使其選舉權，民國五十五年國民大會第四次會議和民國六十一年國民大會第五次會議便又先後修訂臨時條款，授權總統得訂頒辦法，辦理中央民意代表的增選補選和增額選舉。前者係以因人口增加或因故出缺者爲限，得按原定名額增選或補選，故民國五十八年辦理時，僅增補選國大代表十五人、立法委員十一人、監察委員二人，共廿八人。後者則在自由地區增加名額，定期選舉，不受憲法第廿六、六十四、九十一等條的限制，其名額富有彈性，經於六十一年選出增額國大代表五十三人、立委五十一人、監委十人，並於六十四年增額立委任滿時如期改選，選出增額立委五十二人。這都充分說明政府遵循民主憲政的途徑，以臨時應變的合法方式，濟憲法之窮的苦心。

三、由於憲法第四十七條有總統副總統連選得連任一次的限制，民國四十九年國民大會召開第三次會議時，先總統　蔣公的第二屆任期，將告屆滿，許多代表都主張修改憲法，選舉　蔣公繼續主持國政。但　蔣公一再宣示其反對修憲的主張，而當時國大代表人數（一、五七六人），僅略超過應選出總額（三、○四五人）的半數，如依此計算代表總額，亦不足修改憲法或修訂臨時條款的法定人數（三分之二出席、四分之三決議），爲解決此一事實困難，首先由大法官會議於四十九年二月以釋字第八十五號解釋：「憲法所稱國民大會代表總額，在當前情形，應以依法選出而能應召集會之國民大會代表人數爲計算標準」。便可依實有代表人數計算代表總額，而無須以依法應選出人數爲計算標準。再由國大代表依照不修改憲法的原則，修訂臨時條款，明白規定「動員戡亂時期總統副總統得連選連任，不受憲法第四十七條連任一次之限制」。這一現行憲法在事實上所遭遇的困難，才得到合法的解決。

蔣總統經國先生對憲法也至爲重視，他自年前主持行政院以來，對立監兩院的意見都非常尊重，確實依照憲法的規定對立法院負責，充分表現民主和法治的風範。他曾一再指示各機關必須嚴格遵守法律，不得以命令牴觸法律。他對立法院施政報告時便曾明白宣示：「每一次經國以行政院長身份依照憲法向各位委員先生提出施政報告，是行政院依照憲法對立法院應負的責任。立法委員先生對於行政院的施政報告，代表民意提出質詢，是憲法規定立法委員先生的權利，過去如此作，現在如此作，將來我們一定要為維護這一部憲法而奮鬪、努力，而也只有維護中華民國憲法，才能使中華民國復興」。就任總統後，更充分表現了他尊重憲法和維護憲政的精神和決心。

綜上所述，可知中華民國憲法是符合五權憲法思想的，雖然還不能算是最理想的五權憲法，但却是在訓政未完成而提前實施憲政所應採行的憲法。行憲三十年來，政府都全心全力來實施憲法，積極推進憲政，建立憲政體制。雖然因為共匪叛亂，國家遭遇非常變故，致事實上曾遭遇很多困難，但都循憲政體制和合法途徑，妥謀解決，始終保持憲法的完整和維護憲政的體制。實行五權憲法是我們建國的目標，也是實現三民主義的制度綱領，我們固然要繼續加以研究闡揚，光大五權憲法的思想，並作將來修憲的準備；在目前，我們對現行憲法更要努力弘揚，使全國人民對憲法的尊嚴和憲政的建制，有共同一致的認識，更要各本崗位，共同貫徹憲法的實施，維護憲政的體制，使中華民國成為一個「人民有權、政府有能」的三民主義國家。

先總統　蔣公曾指示我們：「反攻復國的武器，如軍事、政治、經濟、文化等，莫不皆是，而憲法則尤為反攻復國的有力武器。所以我們必須尊重它，而且維護它，才能達到反攻復國的目的」。「我們維護憲法的有力行動，實莫過於光復大陸，我們光復大陸的武器，亦莫過於尊重憲法」。我們應該妥善運用憲法的武器，發揮憲政的力量，早日光復大陸，把這一部神聖完整的憲法帶回大陸，使憲政的光輝普照全國，來完成先總統　蔣公的未竟心願，告慰他老人家在天之靈。這是我們全國上下所應共同努力的目標。

二、人民的權利

國父的五權憲法是以建立人民有權、政府有能的政治制度爲其政治理想，因此對憲法上的人民權利，國父特別注重人民的參政權，要使人民有選擧、罷免、創制、複決四項政權來管理政府，而對人民的其他權利——平等權、自由權和受益權則較少論及。

但這不是說：國父不重視人民的其他權利。他在爲吳宗慈著中華民國憲政史前編所撰序文中便說：「憲法者，國家之構成法，亦卽人民權利之保障書也」，也就是說：憲法的兩大任務，一是確立國家的構成，一是保障人民的權利。他在五權憲法講演中說：「政治上的憲法，就是支配人事的大機器，也是調和自由和專制的機器」，這就是說：憲法一面要確立國家的構成、中央和地方的政制，使政府成爲一架能日行千里、飛天潛海的機器，有能力去建設國家；一面要保障人民的權利，讓人民有權力去運用這一部機器，來爲人民服務。這樣，才能使自由和專制的力量均衡調和，才能建設國家，爲人民謀福利。

關於五權憲法中人民政權，當另專文研討。本文想專就政權以外的人民權利，加以研究。因爲　國父不但重視人民政權，對人民的其他權利，也很重視，而且他對憲法上的人民權利，也有他獨到的理論。他反對天賦人權說，而主張革命民權；對於人民的自由權和平等權的意義和內容，更有其精闢的見解。所以，五權憲法對人民權利應如何規定和保障，是一個值得研究的問題。

天賦人權之說，始自英國學者洛克（John Lock 1632-1704），但建立這一學說而成爲歐美民主革命的理論基礎的，是法國思想家盧梭（J.J. Rousseau 1712-1778）。　國父也曾說：「講到民權史，大家都知道法國有一位學者叫做盧梭。盧梭是歐洲主張極端民權的人，因有他的民權思想，便發生法國革命。盧梭一生民權思想最要緊的著作是民約論，民約論中立論的根據，是說人民的權利是生而自由平等的，各人都有天賦的權利，不過人民後來把天賦的權利放棄罷了。所以這種言論，可以說民權是天生出來的」（見民權主義第一講）。

國父初期也曾引用天賦人權說，在民國元年就任臨時大總統布告友邦書，便曾一再提到天賦人權：「天賦自由，縈想已夙」、「吾人鑒於天賦人權之萬難放棄」。但後來經過深入的研究，發覺盧梭的言論並沒有事實根據，他在民權主義的演講，便一再批評天賦人權說：「就歷史上進化的道理說，民權不是天生出來的，是時勢和潮流所造就出來的。故推到進化的歷史上，並沒有盧梭所說的那種民權事實」。「歐美的革命學說，都講平等是天賦到人類的，譬如美國在革命時候的獨立宣言，法國在革命時候的人權宣言，都是大書特書，說平等、自由是天賦到人類的特權，是他人不能侵奪的。天生人究竟是否賦有平等的特權呢？……天地間所生的東西，總沒有相同的，既然都是不相同，自然不能夠說是平等。自然界既沒有平等，人類又怎麼有平等呢？天生人類本來也是不平等的」。所以，國父雖認爲「盧梭提倡民權的始意，更是政治上千古的大功勞」，天賦人權說在近代政治運動上，有其歷史上的貢獻和價值，但却沒有事實根據，更不適合時代和中國的需要。

因此，國父提出他的觀點，認爲人民的權利並不是天生的，而是時勢和潮流所造成的；也就是革命的成果，是憲法和法律賦予人民的權利。人民權利的作用固在使人人得到自由平等，也在謀求社會的共同利益；更要用人民的權利，來完成革命，實現國家的目的和人民的福利，而不能用來反革命。他在中國國民黨第一次全國代表大會宣言中說：「國民黨之民權主義，與所謂天賦人權者殊科，而唯求所以適合於現在中國革命之需要。蓋民國民權，唯民國國民乃能享受之，必不能輕授此權於反對民國之人，使得藉以破壞民國」。這一理論，先總統　蔣公加以闡揚，稱之爲「革命民權」：「總理所主張的民權，不能隨便賦予不了解革命主義以及沒有誓行革命主義決心的一切人，這並不是國家對於民權有所靳而不予，乃是爲實現真正的民權而設定此必要之條件，以爲保障，所以本黨所主張的是『革命民權』而不是『天賦人權』」（見「總理遺敎第六講」）

國父的革命民權說和盧梭的天賦人權說的區別，雖有各種不同的說法和誤解，實則革命民權說和天賦人權說除了對人民權利的來源和作用，觀點不同，已如上述外，天賦人權說認爲人權是天賦的，政府只要消極的不侵犯人民的權利，便是最好的政府；革命民權說則認爲「民權不是天生的，是人造成的，我們應該造成民權交到人民，不要等人民來爭，才交到他」（見「民權主義第五講」）。所以要以憲法和法律賦與人民權利，更要積極的保障人民權利。天賦人權說所稱的人權，主要是自由權、平等權，認爲這些權利是人類與生俱來的權利，是先國家而存在的權利；革命民權說所稱的民權，則包括人民的受益權、參政權，尤其以政權爲主，認爲人民如果沒有充分的政權，便不能保障人民的權利，實現國家的目的。所以，革命民權說比天賦人權說更積極、更廣大，具有更深遠的目標。它固適用於軍政和訓政時期，也適用於憲政時期，絕不僅是革命過渡時期的一時措施；它更與共產主義的階級專政迥異，而絕非受蘇俄十月革命的影響。它是　國父革命思想體系的一部份，是以民權主義思想爲基礎，以實現全民政治爲目的的。

由於　國父主張革命民權說，他對人民的自由權和平等權也有其精闢的見解，而與天賦人權說的理論有別：關於人民的自由，首先，他認爲自由不是天生的，也不是絕對的，應有其合理的範圍。他說：「從前歐洲在民權初萌芽的時代，便主張爭自由，到了目的已達，各人都擴充自由的範圍，於是由於自由太過，便發生許多流弊。所以英國有一個學者叫做彌勒氏的，便說一個人的自由，以不侵犯他人的自由爲範圍，才是真自由，如果侵犯他人的範圍，便不是自由」。其次，他認爲個人的自由固然重要，團體的自由尤其國家的自由更爲重要，一定要國家得到自由，人民才有真正的自由。他說：「自由的解釋，簡單言之，在一個團體中，能夠活動來往自如，便是自由。……大家都有自由，便是一片散沙，要大家結成堅固的團體，便不能像一片散沙」。「歐洲當時是爲個人爭自由，到了今天，自由的用法便不同。在今天自由這個名詞究竟要怎麼樣應用呢？如果用到個人，就成一片散沙，萬不可再用到個人上去，要用到國家上去，個人不可太過自由，國家要得完全自由」。國父對軍人、官吏、黨員和學生等，特別期望他們犧牲自由，貢獻能力，以求達到團體的自由。但並不是不重視個人自由，只是認爲先要爭取國家自由，來保障個人自由，而爲民表率的人便該犧牲個人自由來爭取國家自由，必須國家得到自由，個人的自由才能實現。

關於平等，國父認爲是自由的基礎，兩者應並重，「如果得不到平等，便無從實現自由」。而對平等的精義，國父析述尤爲透闢。他在民權主義第三講，曾用三個圖說明不平等、假平等和真平等的區別。他認爲人類天生是不平等的，我們要反對的，是人爲的不平等。但打破人爲的不平等以後，不能勉強去做成人爲的平等，把位置高的壓下去所做成的平頭的平等，只是假平等。真正的平等只是立足點的平等，至於各人因爲天賦的聰明才力不同，而有不同的造就，這是自然的不平等，無碍於真平等。他說：「我們講民權平等，又要世界有進步，是要人民在政治上的地位平等。因爲平等是人爲的，不是天生的，人造的平等只有做到政治上的地位平等，故革命以後，必要各人在政治的立足點都是平等，好像第三圖的底線，一律是平的，那才是真平等，那才是自然之真理」。人類雖然天生不平等，但在道德上仍應使之平等，國父便進一步提出以服務道德心達成平等的主張。他認爲人類得之天賦有先知先覺、後知後覺、不知不覺三種人，「要調和三種之人，使之平等，則人人當以服務爲目的，而不以奪取爲目的。聰明才力愈大者，當盡其能力而服千萬人之務，造千萬人之福。聰明才力略小者，當盡其能力以服十百人之務，造十百人之福。所謂巧者拙之奴，就是這個道理。至於全無聰明才力者，亦當盡一已之能力，以服一人之務，造一人之福。照這樣做去。雖天生人之聰明才力有不平等，而人之服務道德心發達，必可使之成爲平等了，這就是平等的精義」。

國父的革命民權說和合理的自由、真正的平等的主張，和現代憲政思潮的人權思想是一致的，也符合第二次世界大戰後各國憲法的人權觀念。正如上所述，十八世紀的美國獨立宣言和法國人權宣言都深受天賦人權說的影響，十八九世紀各國憲法有關人權的規定，無不奉天賦人權爲圭臬。而天賦人權說則以產業革命後的個人主義和自由主義思想爲其根源，認爲人是生而自由平等的，非國家所能加以限制，人類組織國家的原因，卽在保障其與生俱來之自由，國家的任務亦僅爲保障個人的自由。所以當時的人權觀念僅注重自由權，而且認爲個人自由是絕對的。但自十九世紀工業發達以後，人與人間構成愈益密切的社會關係，經濟的分配也引發各種社會問題。團體主義思想乃漸崛起，認爲人爲社會動物，個人與社會爲有機的一體，人與人間有其分工合作、休戚與共的社會連帶關係，個人的利益與社會的利益不可分，公共利益較個人利益更爲重要。而國家爲維護公益，得對個人行動加以適當的干涉，政府並應盡力爲人民服務，而非「最好政府，最少統治」。故自一九一九年德國威瑪憲法開始，二十世紀的各國憲法便漸脫天賦人權的窠臼，認爲人權並非天賦，而爲社會生活的產物，人權的保障，不應僅顧及個人的私益，而應兼顧社會的公益，而人權的內容，也由自由權、平等權而擴及參政權、受益權，尤注重於保護人民的生存權。第二次大戰後的各國憲法，雖由於推翻軸心國家的獨裁政治，痛定思痛，對人民自由權尤其人身自由，仍極重視，並有基本人權之說，但同時也倡行權利職分的觀念，認爲保障個人的權利，在謀求社會全體的利益；承認個人的權利，在使其能善盡對社會的職分，權利實含有職務之性質。日本戰後憲法第十二條：「本憲法所保障之國民自由及權利，國民應以不斷之努力保持之。國民應負爲公共福祉而利用之責任，不得濫用」，便很明顯的表現此一觀念。

上述近代憲政的人權思想，認爲人權不是絕對的，而是相對的；人權不僅保障個人的私益，更須顧及社會的公益，團體的利益比個人的利益更爲重要，個人利益建築於社會利益之上，而爲了公共利益，個人權利應受限制。至人權的內容，則除消極的自由權、平等權外，更有主動的參政權和積極的受益權，平等權的內容亦由形式上的法律地位平等，更進而求實質上的經濟地位平等。這些人權思想的發展，和 國父思想正相吻合，可見 國父的革命民權說和自由平等觀念，至爲高瞻遠矚，深符時代思潮。我們研究 國父的五權憲法思想，自不容忽視其人權思想。

國父對人權的保障，雖有其卓識創見，但由於 國父生前未從事制憲，他任臨時大總統所制定的臨時約法，他便曾說：「只有『中華民國主權屬於國民全體』那一條是兄弟主張的，其餘都不是兄弟的意思，兄弟不負那個責任」。他在遺敎中對人民權利的闡述，又多側重於人民的政權，對人民的其他權利，較少談及，對憲法中保障人民權利的規定，並無具體指示，只在迭次政策宣言中，曾一再提示對人民自由的保障。如在民十二年中國國民黨改進宣言中，主張「確定人民有集會、結社、言論、出版、居住、信仰之絕對自由權」，在中國國民黨第一次全國代表大會宣言中，列示政綱的對內政策，有一項是：「確定人民有集會、結社、言論、出版、居住、信仰之完全自由權」。自然，所列舉的六項自由只是例示性質，不能說 國父不主張其他自由，而除自由權外，國父對平等權、參政權、受益權的重視，已如上述。在五權憲法中對人權保障的規定，必須從 國父全部遺敎中，尤其上述革命民權說和自由平等的精義中去研究體會。

中華民國憲法的制定過程中，關於中央與地方政制，變易至多，關於人民權利的保障，則變動不大。民國廿二年立法院成立憲法草案起草委員會，進行起草憲法草案，先議訂起草原則廿五項，其中有關人民權利者三項：「五、中華民國人民，無男女、種族、宗教、階級、職業之區別，在法律上一律平等。六、中華民國人民有依法律行使選舉、罷免、創制、複決之權，七、人民有身體、遷徙、居住、言論、著作、信仰宗敎、結社、集會等自由」。嗣後，由憲草初稿到廿五年五月五日公布的五五憲草，關於人民權利的規定，都是依上列原則草擬：關於自由權，列舉了人身、居住、遷徙、言論、著作、出版、秘密通訊、信仰宗教、集會、結社等項自由，而對人身自由之規定，特爲詳備，並規定所列擧之自由，非依法律，不得限制，限制人民自由或權利之法律，以爲社會秩序、公共利益所必要者爲限。其不同者，除文字的修正外，對各項自由初規定「非依法律不得停止或限制之」，後改爲「非依法律不得限制之」。對限制人民自由之法律，初規定「以爲社會秩序、公共利益所必要者爲限」，後改爲「以保障國家安全、避免緊急危難、維持社會秩序或增進公共利益所必要者爲限」。最重要者是：初僅採列擧的規定，後並採概括的規定，明定「凡人民之其他自由及權利，不妨害社會秩序、公衆利益者，均受憲法之保障，非依法律不得限制之」，足見其規定愈益嚴密和進步。關於平等權，初稿規定：「中華民國人民，無男女、種族、宗敎、階級、職業之區別，在法律上一律平等」。嗣改爲：「中華民國人民在法律上一律平等」，較爲簡括。關於受益權，迭次草案都規定：「人民有依法律請願、訴願及訴訟之權」和「人民有依法律應考試之權」，對財產權則規定：「人民之財產，非依法律不得徵用、徵收、查封及沒收」，側重在保障財產自由，但迭次草案對國民經濟和敎育都有專章規定，其中有關人民受益權之規定至多，使受益權具有積極的性質。關於參政權，迭次草案都在「人民之權利義務」章規定：「人民有依法律選擧、罷免、創制、複決之權」，同時並在中央和地方政制中分別規定四種政權之行使，深符　國父的民權主張。

五五憲草公布後，抗戰期間國民參政會雖曾一再對憲法草案進行研議，提出修正草案和修正意見，但對人民權利之規定，並無修正。民卅五年政治協商會議商定之憲草修改原則，關於人民權利之規定，除有關政權者外，於第九項原則規定：1.凡民主國家，人民應享之自由及權利，均應受憲法之保障，不受非法之侵犯。2.關於人民自由，如用法律規定，須出之於保障自由之精神，非以限制爲目的。故同年十一月制憲國民大會開會時，政府提出的憲法草案關於人民權利部份，對五五憲草有下列修正：㈠人身自由之規定，更爲具體詳盡；並於言論著作及出版自由外，增列講學之自由。㈡各項自由原有「非依法律不得限制之」等字句，均予刪除，而於最後規定：「以上所列舉之自由權利，除爲防止妨碍他人自由、避免緊急危難、維持社會秩序或增進公共利益所必要者外，不得以法律限制之」。㈢平等權仍規定：無「男女、宗教、種族、階級」之分，在法律上一律平等，並增加無「黨派」之分一語。㈣受益權之「應考試之權」，改爲「應考試服公職之權」，財產權則積極的規定「人民之財產權，應予保障」，並增列「人民有受國民教育之權利與義務」。仍在基本國策章中，就人民經濟、教育之保障，作較具體之規定。

制憲國民大會審議上述草案，關於人民權利部份，除參政權外，只有兩點修正：一是對人身自由的規定，再加補充，使之更爲完備縝密。二是除財產權外，並明定對人民之生存權、工作權，亦應予保障。此外，對基本國策部分頗多補充，也使人民的受益權，更爲完備。其所通過的中華民國憲法，關於人民權利，除參政權外，要點如左：

一、關於自由權，對人身自由規定至爲完備縝密（第八條），並規定除現役軍人外，不受軍事審判（第九條）；此外，列舉有「居住及遷徙」、「言論、講學、著作及出版」、「秘密通訊」、「信仰宗教」、「集會及結社」等項自由（第十條至第十四條），並規定「凡人民之其他自由及權利，不妨害社會秩序公共利益者，均受憲法之保障」（第廿二條），同時規定：「以上各條列舉之自由權利，除爲防止妨礙他人自由、避免緊急危難、維持社會秩序，或增進公共利益所必要者外，不得以法律限制之」（第廿三條）。

二、關於平等權，規定：「中華民國人民，無分男女、宗教、種族、階級、黨派，在法律上一律平等」（第七條）。

三、關於受益權，規定人民有「請願、訴願及訴訟」、「應考試服公職」、「受國民教育」等項權利（第十六、十八、廿一等條），並規定：「人民之生存權、工作權及財產權，應予保障」（第十五條）。在基本國策章中，亦多保障人民權益之具體規定。

中華民國憲法關於人民權利的規定，在方式上：一是人民權利的規定先於政府組織，二是兼採列舉與概括的規定，三是採憲法直接保障主義。在內容上，則無論自由權、平等權、參政權、受益權的規定，都很完備周詳，不僅較歷次憲法草案規定爲完密，與世界各國憲法相較，也至爲完備，它不僅賦予和保障人民充分的權利，也符合　國父的人權思想。

也許有人認爲我國憲法，先規定人民權利，再規定政府組織，似認人民權利先於國家構成，有承認天賦人權之嫌。不知是否認人權出自天賦，在其規定之內容，而不在其規定之先後。十九世紀之各國憲法，雖均採天賦人權說，亦有先規定人民權利者。我國憲法之先規定人民權利，係基於我國傳統之「民爲邦本」之思想，自不能據此卽認屬天賦人權。至憲法直接保障主義係認爲人民之自由權利，直接受憲法之保障，不僅行政、司法等機關，不得侵害，立法機關亦不得以立法擅加限制，但爲「防止妨碍他人自由、避免緊急危難、維持社會秩序或增進公共利益」有所必要時，卽得以法律限制之，自然也不能據此認係人權出自天賦，絕對不容限制。我國憲法之採直接保障主義，僅在規定限制人民自由權利之法律，以爲防止妨碍他人自由、避免緊急危難、維持社會秩序或增進公共利益所必要者爲限，與　國父的人權思想和自由觀念正相符合。關於人民之自由權利，於分別列舉之後，又概括規定：「凡人民之其他自由及權利，不妨害社會秩序、公共利益者，均受憲法之保障」，更足見人民之自由及權利，均受憲法之保障，而無出自天賦與非天賦之別。二次大戰後各國憲法雖已揚棄天賦人權說，惟多採基本人權觀念，使用基本權利之用語，雖基本權利之含義，各國學者解說不一，惟總仍不脫天賦人權的自然法思想之影響。我國憲法未沿襲基本人權之觀念，且明定憲法保障之人民自由權利，以不妨害社會秩序、公共利益者爲限，自不容以之反對民國，尤符合　國父的革命民權思想。

我國憲法關於人民權利內容的規定，除四項政權係依據　國父的民權主張外，自由權列舉至詳，對人身自由的保障，尤爲完密，而各項自由應以不妨碍他人自由及影響社會秩序爲範圍，爲避免國家社會的緊急危難或增進其公共利益所必要，均得以法律加以限制，顯示團體自由重於個人自由。平等權標明「無分男女、宗教、種族、階級、黨派，在法律上一律平等」，並在其他條文規定對婦女、邊疆民族及勞工、農民等，予以保障，以促進真正的平等。受益權除司法、行政、考試、教育等受益權外，尤着重經濟上之受益權，明定保障人民之生存權、工作權及財產權，並在基本國策上基於民生主義，明定應採各項措施，謀國計民生之均足。凡此，均符合上述 國父對人民權利的各項主張。

也許有人認爲依照 國父的革命民權說，凡反對民國的人應不得享有自由權利，必須經四權行使之訓練，誓行革命主義，始可行使政權，我國憲法並未予以規定，似有不足。不知革命民權說的精義，在認人民權利非由於天賦，而係革命之成果，我們要完成國民革命、實行三民主義來保障人民權利，也要保障人民權利來完成國民革命、實行三民主義。必須國民革命成功，三民主義實現，人民權利才有充分保障，才能充分實現。對反對民國的人的自由權利，自可基於避免緊急危難、維持社會秩序之必要，以法律加以限制，尤不容人民以自由權利爲藉口，從事叛國活動。至四權行使之訓練和誓行革命之主義，則屬訓政工作，自無須於憲法規定。要之，現行憲法關於人民權利的規定，雖由於制憲時之情勢，若干規定固頗受個人主義、自由主義思想的影響，但在基本上是符合現代人權思想和 國父遺教的。

現行憲法關於人民權利的規定，雖獲得普遍贊譽，但對個別規定，也有若干批評和爭論，除參政權外，玆就其要者略加論述如左：

一、第七條關於平等權的規定，「種族」一語，顯與第五條「民族平等」的規定，用語分歧，亦嫌重複。「黨派」平等，爲我國憲法獨有之規定，意義欠明，有無規定之必要？亦堪研究。

二、第十五條之生存權、工作權及財產權，其意義與性質如何？不無爭論。有人認爲係人民自由選擇工作和自由使用收益處分其財產的權利，故均列爲自由權；有人認爲財產權係屬自由權，生存權、工作權則屬受益權。我們覺得基於 國父革命民權的思想和養民教民的政治理想，生存權、工作權係國家應保障人民生存工作的權利，也就是人民得請求國家維持其生存和保護其工作的權利，固屬受益權。就是財產權，除了財產自由外，國家並應積極保護和增進人民的財富，也有受益權的性質。

三、第十八條之「應考試服公職之權」，究係「應考試」、「服公職」兩種權利，抑係「應考試」以「服公職」之一種權利？學者不無爭論。此一問題固涉及公職候選人考試問題，我們覺得公職候選人考試雖爲 國父之遺敎，但憲法第八十六條所列舉須經考試之資格，既未將公職候選人列入，自難強爲解釋；即令公職候選人須經考試，亦非必經考試始得服公職，應考試與服公職自屬兩種權利。至其性質，有認屬參政權者，有認屬平等權者，惟吾人認爲應考試僅係得參與國家舉辦之考試，服公職亦係得依國家之任命或經由國家舉辦之選舉而服公職，似以解爲受益權爲宜。

四、憲法第二章之標題爲「人民之權利義務」，各條除第七條稱「中華民國人民」外，均僅稱「人民」，是否不限於中華民國人民，而包括外國人在內？學者意見不一：有認爲自由權應適用於外國人者，有認爲平等權亦不妨解爲包括外國人在內者，有認爲除參政權外，均應包括外國人在內者。凡此主張，均受天賦人權說之影響，認人生而自由平等，不因國籍而異，雖屬外國人，憲法亦應保障其以人之資格享有之自由權利。我人既不採天賦人權說，一國憲法所規定者自僅爲本國人民之權利義務，至對外國人權利之保障，則屬國際法之範圍，雖除參政權外，在不妨礙國家利益之範圍內，對外國人亦應予以本國人民之同一保障，但可由法律予以規定，而不必解爲亦受憲法之保障。至我國憲法第二章雖僅稱「人民」，然開端之第七條已標明爲「中華民國人民」，其後各條雖僅稱「人民」，應亦係中華民國人民之意，不包括外國人在內。此觀之第十七條參政權之規定，亦僅稱人民，卽足爲明證。

中華民國憲法頒行後，由於行憲之初，卽值共匪全面叛亂，基於動員戡亂之需要，國民大會制定動員戡亂時期臨時條款，授權總統爲避免國家或人民遭遇緊急危難，或應付財政經濟上重大變故，得經行政院會議之決議，爲緊急處分，而不受憲法第卅九條或第四十三條所規定程序之限制。政府旋卽宣布全國戒嚴，憲法上之人民自由權利，自受相當之限制。大陸淪陷後，大陸同胞之自由權利，更備受摧殘，其痛苦迄仍與日俱增。政府遷臺後，雖因事實需要，迄未解嚴，惟對保障人民自由權利，至爲重視，切實執行憲法之規定，並在復興基地，積極貫徹基本國策，實現三民主義，使人民權利獲得充分保障。至戒嚴時期對人民自由權利之限制，依戒嚴法之規定，原頗廣泛，然政府爲尊重人民權利，除爲事實所必要者，均未執行。軍事當局並未接管地方行政事務，並在戒嚴時期極力推行地方自治，繼續辦理選舉。刑事案件由軍事機關自行審判者，依臺灣地區戒嚴時期軍法機關自行審判及交法院審判案件劃分辦法之規定，亦僅以軍人犯罪、叛亂罪及特定之盜賣、買受軍用械彈、交通器械等犯罪爲限。最高司令官對人民自由權利之限制，亦僅執行禁止罷市、罷工、罷課、罷業等必要之事項。此外，依據國家總動員法及臨時條款授與總統之緊急處分權，政府亦可對人民之自由權利，作若干必要之限制。然歷年政府依國家總動員法所頒發之法規命令至少，總統對緊急處分權之行使，更備極慎重。自四十八年八月爲應付八七水災發布緊急處分八項以來，僅於六十七年十二月爲應付中美斷交之緊急情勢發布緊急處分三項，均足見政府對憲法上人民自由權利之重視。立法院歷年立法，有關人民自由權利者，亦均能恪守憲法第二十三條之規定，故迄未有任何法律因違反憲法保障人民權利之規定，而經大法官會議解釋，宣告其違憲而無效。監察院對行政機關違法侵害人民自由權利，更極重視，迭經依法糾舉或促請改善。故目前我國臺灣地區之人民自由權利，雖由於戰事影響，不能不受有若干限制，然大體上實與一般民主國家無異。惟大陸同胞在匪偽政權統治下，則幾無自由權利可言，而與臺灣地區形成至爲強烈之對比。

檢討行憲以來對人民自由權利的保障，固喜見政府對憲法上人民自由權利的重視，非有必要，不依法予以限制。但對憲法有關人民權利的規定，執行上亦曾發生若干歧見，幸均能依法妥謀解決，其關係重要者，並依法提請大法官會議解釋。檢討這些解釋，也可以看到我國對人民權利的日益重視和憲法上人權思想的演進。玆將其中較重要者摘述如左：

一、關於人民自由權利之限制，依憲法第廿三條規定，固以「爲防止妨碍他人自由、避免緊急危難、維持社會秩序或增進公共利益所必要者」爲限，且必須以法律爲之。該條所稱之法律，自不包括行政命令在內，然是否包括地方自治規章在內？宜蘭縣議會認爲縣議會對於憲法第一一〇條所列舉之事項，制定單行規章時，可否基於憲法第廿三條所規定之必要事由，限制縣民之自由權利？及可否爲法官之審判依據？不無疑義，曾層請司法院解釋。經大法官會議於民四十三年八月以釋字第卅八號解釋，採行政院意見，認憲法第廿三條所稱之法律，應限於憲法第一一七條所稱之法律。故「縣議會行使縣立法之職權時，若無憲法或其法律之根據，不得限制人民之自由權利」。此一解釋，充分表示對人民權利之重視。

二、關於人身自由，憲法第八條第一項規定：「除現行犯之逮捕由法律另定外，非經司法或警察機關依法定程序，不得逮捕拘禁」。所稱現行犯，究係以刑訴法第八八條第二項所定「犯罪在實施中或實施後卽時發覺」之現行犯爲限，抑包括同條第三項所規定「被追呼爲犯罪人」或「因持有兇器贓物或其他物件，或於身體衣服等處露有犯罪痕跡，顯可疑爲犯罪人」之準現行犯在內？監察院認爲不無疑義，函請司法院解釋。又憲法第八條第二項規定：人民因犯罪嫌疑被逮捕拘禁時，其逮捕拘禁機關應「至遲於二十四小時內移送該管法院審問」。所稱「二十四小時」之時限，有無在途期間之適用？司法行政部認爲尙有疑問，報由行政院函請解釋。此兩項疑義，經大法官會議先後於民五〇年四月及民六〇年五月以釋字第九〇號及一三〇號解釋，認「憲法上所謂現行犯，係指刑事訴訟法第八十八條第二項之現行犯及同條第三項以現行犯論者而言」，至「憲法第八條第二項所定『至遲於二十四小時內移送』之時限，不包括因交通障碍或其他不可抗力之事由所生不得已之遲滯，以及在途解送等時間在內，惟其間不得有不必要之遲滯，亦不適用訴訟法上關於扣除在途期間之規定」。此兩項解釋，雖均採從寬解釋，惟尙符憲法本旨，後一解釋，雖基於事實需要，得扣除事實上不得已之遲滯及在途解送之實際期間，惟不適用訴訟法上從寬規定之在途期間，尤見維護人權之至意。

三、關於出版自由，民四十七年修正公布之出版法，對違法出版品之處罰頗嚴，且均以行政處分爲之，各方頗有評論。監察院認爲該法所定出版品得定期停止發行及撤銷登記之處分，雖得解爲依憲法第廿三條規定而設之處分，但其處分權均操之於省縣市政府及內政部，且其處分足以妨害出版人之營業及生存。而不經司法程序，逕由行政官署直接爲之，難免擅專用事，似與憲法保障出版自由之規定及精神相悖謬，且已超過憲法第廿三條規定之「必要」程度，有無違憲之處？函請司法院解釋。經大法官會議於五三年十月，著爲釋字第一〇五號解釋：「出版法第四十條第四十五條所定定期停止發行或撤銷登記之處分，係爲憲法第廿三條所定之必要情形，而對於出版自由所設之限制，由行政機關逕行處理，以貫徹其限制之目的，尚難認爲違憲」。此一解釋，在法理上自尚無不當。惟其問題關鍵，事實上係法律對人民自由權利之限制，可否採事前限制方式。我國憲法對人民自由權利之限制，並未規定必須採事後限制，由司法機關依法課以責任。故出版法對出版自由予以事前限制，自尚難謂爲違憲。惟對人民自由權利之限制，如無必要，自以採用事後限制方式爲宜，如有採事前限制之必要，亦宜明定須經嚴正公平之程序，當更足以表彰憲法保障人民權利的精神。

綜上所述，五權憲法中之人民權利，固以參政權之四項政權爲中心，然對人民之其他自由權利之保障，仍極重視，國父之革命民權說及合理的自由、真正的平等之觀念，尤爲精闢，亦符合現代憲政思潮與人權思想，應爲五權憲法關於人民自由權利規定之圭臬。我國現行憲法之制定，雖由於當時之政治情勢，頗受自由主義思想之影響，惟原則上尚無背於國父之遺敎，充分顯示其對人民自由權利之重視。行憲以來，雖由於動員戡亂及實施戒嚴，對人民自由權利不得不予以必要之限制，然政府對人民自由權利，仍極重視，固盡力避免不必要之限制及減輕必要之限制，並在積極方面多方維護與保障人民之權利。檢討行憲以來對人民自由權利之保障，無論在思想觀念上，或對有關法規之規定、解釋、執行，均日見重視和進步。惟由於戰事影響，人民自由權利自不得不有其必要之限制，而大陸同胞更自大陸淪陷後備受迫害與摧殘，幾無自由權利可言，故爲保障人民之自由權利，吾人首應努力者，實爲光復大陸國土，以三民主義之憲政建設統一全國，使全國人民都能享有憲法上的自由權利。這樣，憲法保障人民自由權利的規定才能貫徹實施。

三、人民的四種政權

五權憲法的基本原理是　國父獨創的權能區分學說，將政治的力量，分爲政權與治權，政權是管理政府的力量，屬於人民；治權是政府自身的力量，屬於政府；人民有政權來管理政府，便不怕政府藉口爲人民服務而濫用治權。

政權既是人民管理政府的力量，便必須有充分的權力，由人民直接行使，才不怕政府有充分的能力，去爲人民謀福利。　國父雖在民國十三年講演三民主義時，才說明他的權能區分學說，但早在民國五年講演「地方自治爲建設之礎石」，介紹美國當時最新自治機關，便提出人民應有選擧、罷免、創制、複決四種政權的主張。民國十年講演五權憲法時，更說明這四種政權的作用：「五權憲法好像是一架大機器，直接民權便是這架大機器中的掣扣。人民要有直接民權的選擧權，更要有罷官權。行政的官吏，人民固然是要有權可以選擧，如果不好的官吏，人民更要有權可以罷免。甚麼叫做創制權呢？人民要做一種事業，要有公意可以制訂一種法律，或者是立法院立了一種法律，人民覺得不方便，也要有公意可以廢除。這種創法的權，便是創制權。甚麼叫做複決權呢？立法院若是立了好法律，在立法院中的大多數議員通不過，人民可以用公意贊成來通過，這個通過權，不叫做創制權，是叫做複決權」。此後 國父在「中華民國建設之基礎」專文和「三民主義」講演中，對四種政權的內容和行使，都曾加說明。在建國大綱中，更明定政權實行的程序是：「在訓政時期，政府當派曾經訓練、考試合格之人員，到各縣協助人民籌備自治」，並訓練人民行使四權。一縣完全自治後，「其國民有直接選舉官員之權，有直接罷免官員之權，有直接創制法律之權，有直接複決法律之權」。「憲法頒布以後，中央統治權則歸於國民大會行使之，卽國民大會對於中央官員有選舉權、有罷免權，對於中央法律有創制權、有複決權」。

國父爲什麼主張人民要有四種政權呢？因爲他研究各國民權發達的歷史，認爲「最近一百多年來所得的結果，不過是一種選舉權和被選舉權。人民被選舉成議員之後，在議會中可以管國事，凡是國家的大事，都要由議會通過才能執行，如果在議會沒有通過，便不能行。這種政體叫做「代議政體」，所謂「議會政治」。……現在的「代議士」，都變成了「猪仔議員」，有錢就賣身，分贓貪利，爲全國人民所不齒。各國實行這種「代議政體」，都免不了流弊」。「人民選舉了官吏議員之後，便不能夠再問，這種民權是間接民權。間接民權是代議政體，用代議士去管理政府，人民不能直接管理政府」。因此，他主張要取法乎上，要讓人民直接管理政府，便要實行四種政權：「除了選舉權以外，第二個就是罷免權，人民有了這個權，便有拉回來的力。這兩個權是管理官吏的。……其次是法律，所謂有了治人，就要有治法。人民要有甚麼權才可以管理法律呢？如果大家看了一種法律，以爲是很有利於人民的，便要有一種權，自己決定出來，交到政府去執行。關於這種權，叫做創制權，這就是第三個民權。若是大家看到了從前的舊法律，以爲是很不利於人民的，便要有一種權，自己去修改，修改好了以後，便要政府執行修改的新法律，廢止從前的舊法律，關於這種權，叫做複決權，這就是第四個民權。人民有了這四個權，才算是充分的民權，能夠實行這四個權，才算是徹底的直接民權」，才能夠直接管理政府，也就不怕政府成爲萬能。

由此可見 國父所主張的人民政權，第一是充分民權，人民不但要有對官吏的選舉權、罷免權，更要有對法律的創制權、複決權；不但可以管理官吏，而且可以管理法律，不但可以放出去，而且可以拉回來。第二是直接民權，四權都應該由人民直接行使，去直接管理政府；雖然由於我國幅員廣大，除地方政權由人民直接行使外，中央政權則由國民大會代表行使，但國民大會只是人民的代表，應依照人民的意見行使政權。 國父說：「爲人民之代表者，或受人民之委任者，祇盡其能，不竊其權，予奪之自由，仍在於人民」，就是這個意思。

至於這四種政權的行使， 國父除了提示地方由人民直接行使、中央由國民大會代表行使的原則外，只對國民大會的行使四權和四種政權的內容，尤其是選舉權在各國行使的經驗和流弊，曾有所指示，而對人民行使四權的範圍和方法，尚無具體的闡明。關於國民大會的行使四權，當另文論述，本文擬專就人民政權的行使，試加探討。

現行憲法是依據 國父遺敎制定的，其關於人民政權的規定有三：

一、確定人民有四種政權的基本規定——「人民之權利義務」章第十七條明定：「人民有選舉、罷免、創制及複決之權」。

二、關於人民政權行使的原則規定——第十二章爲「選舉、罷免、創制、複決」專章，規定四種政權行使的原則。

三、關於人民政權行使的具體規定：

(一)中央方面，第廿六條、第六四條分別規定國民大會代表與立法委員由人民選舉、罷免之，第九一條則規定監察委員由人民選舉之地方議會及華僑團體選舉、罷免之。

(二)地方方面，第一一三、一二四、一二六等條分別規定省縣議會議員及省長縣長由人民選舉，第一二三條並規定：「縣民關於縣自治事項，依法律行使創制、複決之權，對於縣長及其他縣自治人員，依法律行使選舉、罷免之權」。

上述規定，第十七條是基本規定，雖只規定人民有四權，而未明定其爲政權，但第廿五條規定國民大會代表全國國民行使政權，所行使的就是選舉、罷免、創制及複決四權，其爲政權，自至明顯。第十二章復特以專章，就選舉、罷免、創制、複決四權之行使，作原則之規定，更為我國憲法的一大特色。固為各國憲法所無，在我國制憲過程中，歷次憲法草案亦無此規定。卅五年政治協商會議商定憲法草案修改原則，始建議「選舉應列專章，被選年齡定為廿三歲」，政府提出制憲國民大會之憲法草案，第十二章章名為「選舉」，亦僅就選舉權罷免權之行使，作原則之規定。制憲國民大會第一審查委員會審查時，始建議修正章名為「選舉、罷免、創制、複決」，並增列有關創制權、複決權的規定。我當時也是制憲國民大會代表，雖不參加第一審查委員會，也曾提出提案，請將章名修正為「選舉、罷免、創制、複決」，並改列於國民大會章之後，為第四章。我在提案中，並提出該章的全部修正條文（見制憲國民大會提案第三六八號）。第一審查委員會除修正章名並提出修正條文外，決議將我的提案送綜合審查委員會合併討論。第一審查委員會的修正條文和我的提案，除對原有關選舉、罷免的規定，稍有修正外，都主張對創制、複決作較具體的規定，綜合委員會除採納修正章名外，對創制、複決兩權，僅增列「創制、複決兩權之行使，以法律定之」的規定，提經國民大會通過，便是現行憲法第十二章的規定。

現行憲法第十二章關於人民政權行使的原則規定，共為八條，除第一三三條為罷免權的規定、第一三六條為創制複決兩權的規定外，其餘六條都是關於選舉權的規定，又可分為選舉權行使方法的規定與選舉保障名額的規定：前者計第一二九條至一三二條共四條，略述如次：

一、第一二九條為選舉方法之基本規定，明定「本憲法所規定之各種選舉，除本憲法別有規定外，以普通、平等、直接及無記名投票之方法行之」，就是說：除憲法別有規定外，憲法所規定的各種選舉，都應採普通、平等、直接及無記名投票法，不得以法律或命令加以變更或限制，自深符民主選舉之原則。

二、第一三〇條爲選舉年齡的規定，明定「中華民國國民年滿二十歲者，有依法選舉之權。除本憲法及法律別有規定外，年滿二十三歲者，有依法被選舉之權」。就是說：選舉人年齡爲最低二十歲，被選舉人年齡最低則以廿三歲爲原則，而除年齡及國籍外，選舉人應無其他積極資格之限制，以符普通選舉的原則。

三、第一三一條規定公開競選的原則，明定「本憲法所規定各種選舉之候選人，一律公開競選」。就是說：候選人應以公開競爭，爭取選票，來決定當選與否，以符合公開競選、秘密投票的原則。

四、第一三二條一面規定「選舉應嚴禁威脅利誘」，以消極的取締足以妨害選舉的行爲，一面規定「選舉訴訟由法院審判之」，以積極的救濟違法選舉或當選的情事，均旨在維護選舉之公平與公正。

上列規定，均爲選舉制度之基本規定，旨在確立普通、平等、直接及無記名投票之選舉方法，建立公開、公平、公正之選舉制度，符合民主選舉之原則與 國父遺敎之詔示。至關於選舉保障名額之規定有二：一爲「各種選舉應規定婦女當選名額」，二爲「內地生活習慣特殊之國民代表名額及選舉」，其辦法均以法律定之，殆爲適應提高女權之需要，特於各種選舉中規定婦女當選名額，而內地生活習慣特殊之國民，則以蒙古、西藏及邊疆民族，憲法第廿六、六十二、九十一等條，已規定其選舉中央民意代表之名額，而居住內地之回民，尙無當選名額，特規定以法律定其選舉名額，以資保障。凡此，均可見憲法對選舉之重視與顧慮之周詳，以期人民能充分行使其選舉權，來管理政府。

至罷免權雖僅於第一三三條規定「被選舉人得由原選舉區依法罷免之」，但已確立凡選舉產生之公職人員均得由原選舉區依法罷免之原則，爲我國憲法所獨有，也確立了罷免權與選舉權同一主體、同一對象並個別行使的罷免制度，符合　國父的人民對政府官吏可以放出去、也可以拉同來的遺教。至罷免權行使的方法，憲法雖無規定，但罷免權與選舉權互爲表裏，自亦應採用普通、平等、直接及無記名投票法，原選舉區之選舉人均有投票權，罷免投票亦應嚴禁威脅利誘，其訴訟亦應由法院審判。這就是說：有關選舉權行使的原則規定，原則上均可準用於罷免權，其具體辦法則可由法律定之。

關於創制、複決兩權之行使，憲法第一三六條僅規定「以法律定之」，殊嫌簡略。制憲國民大會第一審查委員會建議將第十二章「選舉」，修正爲「選舉、罷免、創制、複決」時，原擬增列四條有關創制複決之條文，我的提案，除建議將現行憲法第廿七條第二項有關對國家法律創制複決之規定，改列於本章外，也建議增列四條有關省縣單行規章的創制複決的原則規定，但均未為綜合委員會所採納，殆為求憲法規定之簡括，授權以法律定之。不過，憲法對創制複決兩權行使的原則，雖無規定，但此兩權之行使，在中央應由國民大會依照憲法第廿七條第二項之規定，制定辦法並行使之，在地方則由人民直接行使，其行使方法則由法律予以規定，自無疑義。至對創制案或複決案之投票，應亦可準用選舉權行使的原則，採用普遍、平等、直接及無記名投票法，凡年滿廿歲的省縣公民，均應有投票權，並應嚴禁對投票人的威脅利誘，如有訴訟，亦應由法院審判。如此當可保障人民創制複決兩權的充分行使，達成管理政府的目的。

關於人民政權行使的具體規定，現行憲法關於創制複決兩權之行使，僅在第一二三條規定「縣民關於縣自治事項，依法律行使創制複決之權」，省民對省自治事項之創制複決兩權，如何行使？亦無明文規定，殊嫌疏漏。省自治與縣自治之性質雖有不同，惟省既為自治團體，省民對省自治事項，自亦應有創制複決之權，並應由省民直接行使，殆無疑義。關於選舉罷免兩權之行使，則規定較為完備，依前列憲法第廿六、六四、九一、一一三、一二四、一二六等條規定：在中央，國民大會代表、立法委員、監察委員，在地方，省議會議員、省長、縣議會議員、縣長，均由人民選舉，除監察委員係間接選舉外，餘均由人民直接選舉罷免。此外，第一二三條並有縣民對「縣長及其他縣自治人員，依法律行使選舉、罷免之權」之原則性規定，故除縣長及縣議員外，其他自治人員如基層自治團體之自治首長與民意代表（如鄉鎮長及鄉鎮民代表會代表），自亦應由人民選舉罷免。又直轄市及蒙古西藏之自治制度，依憲法均應另行規定，其自治首長與地方議會議員，除有特殊情形外，依憲法之精神，自亦應由人民直接選舉罷免。至省轄市準用縣之規定，爲憲法第一二八條所明定，其市長、市議員及其他自治人員之應由人民直接選舉罷免，更不待言。

由上所述，可見憲法關於人民選舉權罷免權行使之對象之規定，頗爲廣泛，而對選舉單位及其名額之分配，除地方應由省縣自治通則及省縣自治法分別規定外，中央民意機構則由憲法予以規定，其規定頗爲繁複，亦爲另一特色。依憲法第廿六、六四、九一等條規定，中央民意機構之選舉，計有區域選舉（包括省市、縣市及蒙古、西藏）、血緣選舉（包括邊疆民族及內地生活習慣特殊國民）、職業選舉、僑民選舉、婦女選舉五種，其名額分配，則或於憲法規定，或授權以法律定之，雖僅國民大會代表之選舉同時採用此五種選舉，立法委員選舉僅有區域、血緣、職業、僑民四種選舉，監察委員選舉則僅有區域選舉與僑民選舉，惟同時採用此五種選舉，尤其區域選舉與職業選舉並行，僑民不以缺席投票方式，參加其原籍選舉，而另按其僑居地區選出代表，婦女除於各種選舉規定其當選名額外，並另以婦女團體爲選舉單位選出代表。凡此，均爲我國憲法所獨有，固足見憲法對選舉之重視及力求中央民意機構具有普遍代表性之苦心，惟是否過於繁複？各種選舉之規定與分配，是否盡屬妥適？則尙待依據實際情況與經驗，詳加研究。

由上述憲法關於人民政權之規定，充分顯示其對人民政權之重視，自係依據　國父權能區分之遺敎，期使人民有充分權力以管理政府；雖其規定尙非無可斟酌，但基本上尙符合　國父五權憲法的遺教，也獲得普遍的贊譽。其中引起批評最多的，是立法委員與監察委員分別由人民直接或間接選舉，而非由國民大會選舉，許多人認爲與 國父在建國大綱所提示的五院建制不符，惟 國父原主張政權由人民直接行使，曾一再強調政權爲直接民權，故將能由人民直接行使之政權歸由人民直接行使，應無背於權能區分之原理。

至行憲以來人民政權行使之實際情況及其曾遭遇之問題，玆分別檢討如次：

一、關於中央之選舉罷免，自憲法公布後，政府卽依據實施憲法準備程序，於卅六年先後訂頒國民大會代表、立法委員及監察委員選舉罷免法及施行條例，並成立選舉總事務所，辦理第一屆中央民意代表選舉，於同年十一月至卅七年一月分別投票，計選出第一屆國大代表二九六一人（應選總額三〇四五人）、立法委員七五六人（應選總額七七三人）、監察委員一七八人（應選總額二二三人）、分別如期依法行使職權，建立憲政體制。嗣以共匪叛亂，大陸淪陷，中央民意代表無法辦理第二屆選舉，除國大代表任期，依憲法規定係至次屆國民大會開會之日爲止外，立監委員則任期屆滿而無法改選，自不能聽任立監兩院職權之行使，陷於停頓，乃由大法官會議於四十三年一月，以釋字第卅一號解釋：「在第二屆委員未能依法選出集會與召集以前，自應仍由第一屆立法委員監察委員繼續行使其職權」，此一事實上之困難，始獲解決。至五十五年國民大會第四次會議，以中央民意代表雖以國家遭遇非常變故，未能依法辦理改選，惟以適應動員戡亂需要，對因人口增加或因故出缺，而能增選補選之自由地區及光復地區，應辦理增選補選，乃修訂臨時條款，授權總統訂頒辦法實施之。當由總統於五十八年訂頒辦法，辦理增選補選。此次增選補選因限於人口增加或因故出缺，始得依原定名額增選補選，故僅增補選國大代表十五人、增選立法委員十一人、增選監察委員二人，共廿八人，尚未能適應充實中央民意機構之需要。六十一年國民大會第五次會議乃將臨時條款再加修訂，授權總統得訂頒辦法，在自由地區增加中央民意代表名額，定期選舉，不受憲法第廿六、六四、九一等條之限制，其增加名額選出之中央民意代表，與第一屆中央民意代表依法行使職權，並按期改選。當由總統於同年六月訂頒辦法，辦理增額選舉，選出增額國大代表五十三人、立法委員五十一人、監察委員十五人。至六十四年底，增額立委任期將滿，如期改選，因人口增加，選出增額立委五十二人。六十七年增額中央民意代表均將任滿，原擬於十二月下旬投票改選，選舉進行中，值美國宣布與匪建交，國家面臨非常情況，乃由總統以緊急處分令宣告延期選舉，容俟另行定期，再舉行投票。由此經過，可知中央民意代表選舉，自行憲後卽依法舉行，惟以大陸淪陷，無法改選，先由大法官會議解釋，繼續行使職權，嗣由國民大會一再修訂臨時條款，以謀中央民意機構之充實，其維護憲政體制與保障人民政權，具見苦心。而歷次辦理中央民意代表選舉，由第一屆選舉至增選補選以至增額選舉，亦迭有改進，逐步建立公開、公平、公正之選舉制度，已爲人民在中央選舉權之行使，奠立良好規模。一俟大陸光復，當可舉行全國大選，以重建三民主義新中國之憲政體制。而在大陸光復前，則應仍本憲政體制，體審事實需要，以適當方式，加強中央民意機構之功能，以維護人民政權。

二、關於地方之選擧、罷免，依憲法規定程序，地方自治之實施，應由中央制定省縣自治通則，再由省縣分別召開省縣民代表大會，依據省縣自治通則，制定省縣自治法，實施地方自治，辦理地方選擧。故行憲後，立法院卽着手制定省縣自治通則，惟以行憲未久，卽值大陸淪陷，致省縣自治通則迄未完成立法程序。政府遷臺後，爲適應事實需要，乃於卅九年先頒行臺灣省各縣市實施地方自治綱要，試行地方自治，迄將卅年，曾迭有改進，不斷充實。四十八年起並成立臺灣省議會，建立省民意機構；臺北高雄兩市先後改制爲直轄市，亦於直轄市自治法未頒行前，先由行政院制頒市各級組織及實施地方自治綱要，成立市議會及基層自治組織。故目前臺灣地區雖未實施憲法所規定之地方制度，惟除臺灣省政府及臺北高雄市政府仍爲地方行政機關外，其省市議會之組織權與縣市以下之自治組織，均與憲法之地方制度大致相符，省市雖尚非地方自治團體，縣市以下則已實施地方自治，由人民選擧罷免之地方公職人員，計有省市議會議員、縣市長、縣市議會議員、鄉鎭市長、鄉鎭市民代表會代表及村里長等，均由人民直接選擧罷免。其選擧罷免雖係分別依據行政院制定或省議會通過之地方自治法規辦理，然其選擧罷免方法迭經改進，均尚符合憲法所規定之原則，試就上述憲法對選擧罷免之原則規定加以檢討：臺灣地方選擧之各種選擧，均採普通、平等、直接及無記名投票法；地方公民年滿二十歲者，均有選擧權，候選人年齡亦以廿三歲爲原則，惟自治首長之縣市長須年滿卅歲、鄉鎭市長須年滿廿五歲；候選人均須先經登記，並公開競選，且由選舉機關主辦政見發表會及印發選舉公報；各種選舉均嚴禁威脅利誘，訂定妨害選舉取締辦法，取締違法競選活動，並建立選舉監察制度，隨時監察、檢舉、糾正。選舉訴訟亦分別規定由高等法院或地方法院審判，均準用民事訴訟程序，先於他種訴訟，以一審終結。此外，各級民意機構之選舉，亦均定有婦女當選名額，對生活習慣特殊之山胞，亦分別規定平地山胞與山地山胞之適當名額。又各種選舉之當選人，均得由原選舉區予以罷免，各項選舉法規均對罷免權之行使，同時予以規定，並詳定其行使之方法與程序。凡此，均足見臺灣地方選舉雖尙非依憲法規定辦理之地方選舉，惟事實上其選舉方法與選舉制度均符合憲法之規定，且迭經改進，已爲地方選舉建立良好基礎，使人民之選舉權罷免權，事實上已能依憲法之規定行使。雖各項選舉罷免之規定，間有尙待檢討改進者，而其最大之缺憾，厥爲由於地方自治尙未依憲法實施，各項選舉法規，均屬行政命令與自治規章，而未經中央立法，且無統一法規，未建立完整之法制。最近政府爲適應事實需要，經研議制定動員戡亂時期公職人員選舉罷免法，以爲目前中央及地方選舉之統一法典，一俟完成立法，固可使臺灣地方選舉，益臻完善，亦可使人民選舉權罷免權之行使，益臻完備。

三、關於創制複決兩權之行使，依憲法規定，在中央係由國民大會代表全國國民行使，除對憲法修改之創制複決外，對國家法律之創制複決，依第廿七條第二項之規定，原應俟全國有過半數之縣市，曾經行使創制複決兩項政權時，始由國民大會制定辦法並行使之。惟以行憲未久，即值大陸淪陷，無法達成此一要求，又不宜長此凍結，經國民大會迭次會議一再研討，乃於五十五年國民大會臨時會通過修訂臨時條款，規定「在動員戡亂時期，國民大會得制定辦法，創制中央法律原則與複決中央法律，不受憲法第廿七條第二項之限制」，同時並制定「國民大會創制複決兩權行使辦法」，咨請總統公布。故國民大會已得對中央法律行使創制權及複決權，惟事實上國民大會六十一年第五次會議及六十七年第六次會議，雖亦曾有代表簽署提出創制案及複決案，惟均以簽署人數不足，未能成立，故迄今尚無行使實例。至地方立法之創制複決，則應由人民直接行使，其行使之方式與程序，依憲法第一三六條規定，應以法律定之。惟以我地方制度，迄未依憲法規定實施，此項法律亦迄未制定。臺灣地區雖已如上述，先行實施地方自治，臺灣省各縣市實施地方自治綱要及臺北、高雄市各級組織及實施地方自治綱要，亦均明定公民依法有選舉、罷免、創制及複決之權，且規定辦理各種選舉、罷免、創制、複決之規程另定之。但關於選舉罷免兩權，雖已分別訂定臺灣省公職人員選舉罷免規程及臺北、高雄市公職人員選舉罷免規程，並已施行多年，而關於創制複決兩權行使之規程，則迄未制定，故地方立法之創制複決，迄未實施，誠屬憾事。關於人民四種政權之行使，在實施地方自治初期，先行使選舉罷免兩權，自屬必要，惟迄今選舉罷免兩權既已行使多年，且著有成效，似宜及早訂頒辦法，使人民得對地方立法，行使創制複決兩權，以期　國父關於人民政權與地方自治之遺教，早日實現。而在初期，對人民關於地方自治事項之創制與複決權，應如何行使，則有待詳慎研究。

綜上所述，我國憲法關於人民政權之規定，原則上係依據　國父遺教之詔示，亦充分顯示對人民政權之重視，雖其規定由於實際需要，尤其關於國民大會代表人民行使政權之規定，未盡符五權憲法之理想，惟基本上尚無背於五權憲法之精神。而自行憲以來，憲法關於人民政權之規定，均已依照實施，並已由人民選舉，建立憲政體制。惟由於大陸淪陷，國家遭遇非常變故，致中央民意機構未能如期改選，地方制度亦未能依憲法規定實施，而政府仍本憲政體制，循合法途徑，以謀事實上困難之解決，並先行實施地方自治，使人民在地方得先行使政權。凡此，均具見苦心，亦爲人民政權之行使，建立艮好基礎。今後如能益謀改進，擴大人民政權之功能，當可更爲三民主義之憲政體制，建立規模，以爲大陸光復後新中國之五權憲法，奠立強固之基礎。

四、國民大會

五權憲法的中央政制，除了五權分立外，還有一個特點，就是由全國人民選擧代表，組織國民大會，代表全國人民行使選擧、罷免、創制、複決四項政權，來管理五權分立的政府，實現「人民有權、政府有能」的國家政治組織。

國民大會是 國父基於權能區分學說所創議的政權機關，但在 國父遺教中，祇闡明其原理原則，具體的設計則有待繼續研究。正如 國父在民前六年首次提出五權憲法主張時所說：「兄弟如今發明這基礎，至於那詳細的條理，完全的結構，要望大衆同志盡力研究，匡所不逮，以成將來中華民國的憲法」。因此，關於國民大會的性質、組織和職權，在中華民國憲法中應如何規定？便有不同的意見。在憲法的制定過程中，這是爭議較多的問題，在憲法制定後，也是批評較多的地方。

國民大會的建制，既是　國父的創見，我們還是應先從　國父遺教中去研究它的原理原則：

國父雖然於民前六年在東京民報一週年紀念會的講詞中，便提出「五權憲法」的主張，他說：「兄弟的意思，將來中華民國的憲法是要創一種新主義，叫做『五權分立』」，但當時五權憲法的理論還未完成，只着重將外國的三權和我國固有的兩權，加以兼容並包，融會吸收，主張五權分立而已。民國成立後，　國父雖曾說：「在南京政府的時候，原想要參議會訂出一種五權憲法」，而沒有成功，但未說明其內容。民國三年中華革命黨成立時，　國父對實行五權憲法，益爲重視，列入誓約，並在黨內試行五權制度，但只在本部之外，分設立法、司法、監督、考試四院，使之並立爲五，以爲五權憲法的張本，仍僅有五權分立的構想，並未提及國民大會的組織。

國父首次提出創立國民大會的主張，是民國五年七月在上海對兩院議員講演「自治制度爲建設之礎石」的講詞。　國父認爲我國地方自治原有基礎，宜取法乎上，採行瑞士和美國克利浮萊城新採用的直接民權制。但我國地廣人衆，在地方可行直接民權，在中央便要由國民大會行使，所以，他在介紹美國新制，說明我國應以縣爲單位，推行地方自治，以爲建國的礎石後，又說在地方自治完成後，「彼時更可發揮特殊之能力，令此三千縣者，各舉一代表，此代表完全爲國民代表，卽用以開國民大會，得選舉大總統。其對於中央之立法，亦得行使其修正之權，卽爲全國之直接民權」。其後，在民國七年孫文學說第六章中，更具體說明其革命方略，分軍政、訓政、憲政三時期，而在訓政之後，「俟全國平定之後六年，各縣之已達成完全自治者，皆得選擧代表一人，組織國民大會，以制定五權憲法，以五院制爲中央政府：一曰行政院、二曰立法院、三曰司法院、四曰考試院、五曰監察院。憲法制定後，由各縣人民投票選舉總統，以組織行政院；選舉代議士，以組織立法院；其餘三院之院長，由總統得立法院同意而委任之，但不對總統、立法院負責，而五院皆對於國民大會負責。各院人員失職，由監察院向國民大會彈劾之，而監察院人員失職，則國民大會自行彈劾而罷黜之。國民大會職權，專司憲法之修改及制裁公僕之失職。……在此時期始，施行憲政，此時一縣之自治團體，當實行直接民權，……而對於一國之政治，除選舉權之外，其餘之同等權，則付託於國民大會之代表以行之」。所述國民大會之職權雖與前稍有不同，但其爲代表人民行使直接民權，則前後一貫。

到了民國十年，　國父在廣州講演五權憲法，提出治國機關圖，便標明治國機關中最高的是國民大會，而由「國民代表每縣一人」組成。在這講詞中，　國父除解釋五權分立的道理外，也說明了直接民權的重要。民國十一年，　國父在「中華民國建設之基礎」一文，更列舉其實行民治之方略有四：㈠分縣自治，㈡全民政治，「以上二者，皆爲直接民權，由人民直接行於縣治」，㈢五權分立，「㈣國民大會，由每縣國民舉一代表組織之。以上二者，皆爲間接民權，由代表行之於中央」。但又說明：「政治主權在於人民，或直接以行使之，或間接以行使之。其在間接行使之時，爲人民之代表者，或受人民之委任者，祇盡其能，不竊其權，予奪之自由，仍在人民，是以人民爲主體，人民爲自動者，此其所以與官治截然不同也」。

雖然，國父在五權憲法的演講中，已指出政治裏頭有兩個力量，一是自由的力量，一是維持秩序的力量，正像物體中有離心力和向心力一樣，自由太過，便成了無政府，束縛太過，便成了專制，主張要雙方保持平衡，不要各走極端。但還沒提出他獨創的權能區分學說。到了民國十三年在民權主義第五、六兩講中，國父說明了權能區分的理論和方法，同時更手訂建國大綱，指示建國的具體程序和方案，這樣，才完成了他的五權憲法的理論，也就爲國民大會作了較具體的指示。

國父在建國大綱中，對國民大會有左列的具體規定：

十四、每縣地方自治政府成立後，得選國民代表一員，以組織代表會，參預中央政事。

十六、凡一省全數之縣皆達完全自治者，則爲憲政開始時期。國民代表會得選舉省長，爲本省自治之監督。至該省內之國家行政，則省長受中央之指揮。

廿三、全國有過半數省分達至憲政開始時期，卽全省之地方自治完全成立時期，則開國民大會決定憲法而頒布之。

廿四、憲法頒布之後，中央統治權則歸國民大會行使之，卽國民大會對於中央政府官員有選舉權、有罷免權，對於中央法律有創制權、有複決權。

由上所述，國父有關國民大會的遺敎，雖由於時代的演進，前後不無稍有出入，但其基本思想是很明顯的，也是一貫的。關於國民大會的性質、組織和職權，我們可歸納爲左列三點：

一、國民大會除制定憲法外，爲代表全國人民行使政權的中央政權機關。
二、國民大會由每一完成地方自治之縣選出代表一人組成。
三、國民大會代表全國人民行使選舉、罷免、創制、複決四權，以管理政府。
在我國制憲過程中，自民國廿二年立法院憲草起草委員會成立以來的歷次草案，都規定設置國民大會，但關於其性質、組織與職權的規定，則爭議頗多，變動也不少。最後，民國卅五年制憲國民大會所通過的現行憲法，關於國民大會的基本規定是這樣的：
一、第廿五條規定：「國民大會依本憲法之規定，代表全國國民行使政權」。其性質爲代表全國人民行使政權之機關，至爲明顯。
二、國民大會的組織，依第廿六條規定，以分由各縣市及其同等區域，蒙古、西藏、邊疆民族、僑民、職業團體、婦女團體所選出之代表組成。此外，依第一三五條並應有內地生活習慣特殊國民之代表。又依第廿八條至第卅條規定：國民大會代表六年改選一次，每屆任期至次屆開會之日爲止。除於每屆總統任滿前九十日由總統召集集會外，遇有規定事由，則召集臨時會。
三、國民大會之職權，依第廿七條規定：對總統、副總統有選舉權、罷免權，對憲法之修改有創制權、複決權，至對法律之創制及複決，則俟全國有半數之縣市曾經行使創制、複決兩項政權時，由國民大會制定辦法並行使之。此外，依第四條規定：中華民國領土之變更，亦須經國民大會之決議，殆以憲法對領土雖採概括規定，不予列舉，惟領土之範圍既爲憲法所明定，領土之變更性質上亦同於憲法之修改，自須經國民大會複決。故其職權均屬四項政權之行使。

上述規定，引致各種批評，歷次國民大會有關修憲的提案，也以有關國民大會之規定爲較多，雖憲法迄未修改，但很容易使人誤認憲法中之國民大會和五權憲法的理論不符。玆仍分就其性質、組織與職權，試加探究如次：

一、國民大會性質上應爲代表全國人民行使政權之機關，亦爲唯一之政權機關，固無疑義，但由於對政權機關的瞭解不同，也有左列的主張：

（甲）認政權機關卽主權機關，代表人民行使主權，也就是行使最高統治權，政府應對國民大會負責，國民大會除行使四項政權外，並應有管理監督政府之權力。不知主權與統治權之涵義，雖有不同的學說，但權能區分學說的政權，並非主權或統治權，則至爲明顯。憲法第二條雖有主權屬於國民全體之規定，然僅在表明主權之歸屬，不能據此卽謂國民大會代表全國國民行使主權。至「中華民國建設之基礎」中，「政治主權在於人民，或直接以行使之，或間接以行使之」所說的「政治主權」，卽其後權能區分說之政權，也非國家之主權。建國大綱第廿四條所說的中央統治權，卽本條後段所指的選舉、罷免、創制、複決四項政權，不外說明政權之性質爲統治權，並不是說這就是統治權的全部。至於政權的作用固在管理政府，但只要充分行使四權，便可管理政府，不必怕政府成爲萬能，這正是權能區分的要旨，自不能認爲要管理政府便要在四權之外，增加其他權力。

(乙)認政權機關就是人民代表機關，也就是最高民意機關，與民主國家國會相同，一般國會之職權均應由國民大會行使，而立監兩院既屬治權機關，應與民意機關有別，不應由人民選舉產生，亦不宜行使民主國家國會之職權。不知：㈠國民大會雖代表全國人民行使政權，固可說是人民代表機關或民意機關，但僅依權能區分說代表人民行使政權，與民主國家之國會依三權分立說代表人民行使立法權與監察權，自不相同。權能區分之政權在一般民主國家固有部份由國會行使，但其國會之職權，則多屬治權，自不宜均由國民大會行使。㈡政權原應由人民直接行使，立監兩院委員固可由國民大會選舉產生，假如能由人民直接選舉，自益可發揚民權。政權與治權之區別在其職權與作用不同，而與是否由人民選舉產生無關，自不能因其民選而認爲政權治權不分。且選舉原有委任代表與法定代表之分，政權機關係選舉委任代表以行使政權，當選代表應受選民意見之拘束，不得違反選民之授權命令，　國父所說：「爲人民之代表者，或受人民之委任者，祇盡其能，不竊其權，予奪之自由，仍在人民」，意卽在此。治權機關則在選賢與能，使當選者得盡其才能，以爲人民服務，如仍稱爲人民代表則屬法定代表，而非委任代表。故國民大會與立監兩院，雖均由選舉產生，其政權機關與治權機關之性質不同，仍至明顯。㈢立監兩院委員雖由民選，其所行使之立法權與監察權，依三權分立制之制衡原理，固認其作用在監督政府，而在五權憲法，則認其作用在克盡其能，以爲民服務，係屬治權性質，現行憲法有關立法院「代表人民行使立法權」及「行政院對立法院負責」之規定，固有受三權憲法影響之嫌，然倘因此而將民主國家國會之職權歸由國民大會行使，亦顯對立法權監察權之性質有所誤解，違反權能區分之理論。

由此可見此兩種主張，均係誤以三權分立學說來解釋政權，正像政治協商會議時，有一部份人認爲立法權之作用在代表人民管理政府，如在立法院之外，又設國民大會，是「帽上加帽」、「無用的多餘」，故主張將國民大會改爲無形，「全國選民行使四權，名之曰國民大會」。其主張雖和上述加強國大職權的意見完全相反，但却同犯了將三權憲法的理論來解釋五權憲法的錯誤，認爲立法權或連同監察權在內，都是代表人民監督或管理政府的，國民大會既亦代表人民管理政府，不是重複多餘，應予取消，便應將該三權憲法的立法權監察權中之議決預算、宣戰、媾和、條約等案和同意權等，歸由國民大會行使。不知權能區分的道理，正是認爲五種治權都是政府爲人民服務的力量，應由政府充分行使，發揮力量以爲民造福，人民只要保有四種政權，便可充分管理政府，政府雖爲萬能亦不致流於專制。所以，國民大會既爲政權機關，其職權自應以選舉、罷免、創制、複決四權爲限，不可少也不能多。國民大會固不應行使立法權或監察權，和立法院監察院的職權也沒有重複或矛盾。

二、關於國民大會的組織，主要有左列批評：

(甲)認爲 國父遺敎僅主張每縣選代表一人，至爲單純，現定選舉單位達八項之多，固過複雜，人數亦不免太多，難期發揮作用。按國大代表之選舉，建國大綱雖僅定爲每縣一人，然縣市人口較多者，略爲增加，應無背遺教原意。除縣市及其同等區域外，西藏、蒙古和邊疆民族，既未設縣市，自應得選出代表，僑民如能單獨選舉，應亦許其選出代表。但除區域選舉外，復有職業團體及婦女團體選舉，則頗堪研究。尤其職業選舉在二次大戰後各國多已不採用，婦女在各種選舉中既已有保障名額，有無另設婦女團體選舉之必要？可從長研究。但此僅屬選舉區分的問題，基本上既係由全國國民依「一人一票」，分別選出代表行使政權，原則尙無問題。

（乙）對廿八條三項「現任官吏不得於其任所所在地之選舉區當選爲國民大會代表」的規定，有人認爲官吏行使治權，如當選國大代表，行使政權，將使權能混淆，故現任官吏應不得兼任國大代表，不應以任所所在地爲限；有人認爲官吏當選國大代表，並無限制必要，更不應就其當選區域加以限制。兩者意見相反，而均認本項規定不當。我們認爲國大代表代表人民行使政權係屬委任代表，應依照選民指示行使職權，且非經常行使，官吏雖行使治權，爲民服務，惟未喪失其公民身分，既可行使直接民權，應亦可充任國大代表，理論上無碍於權能區分，事實上亦無不便，自無加以限制之必要。且制憲時草案原亦無限制，二讀時始加限制。後經覆議乃限制其當選區域以爲妥協，究有無必要？自可研究。

（丙）認爲政權之行使，不可一日中斷，國民大會閉會期間應有常設機構，以行使政權。對國民大會集會除每屆總統任滿前集會外，亦有每年或每三年定期集會之主張。不知國家主權固不可一日中斷，政權亦應爲人民經常享有，但非必經常行使，四項政權之性質除選舉權可定期行使外，其餘罷免、創制、複決三權，都不是可以經常定期行使的。且國民大會係受全國人民之委任，代表行使政權，自不能又互選代表，以代表之代表，行使職權，故常設機構和定期集會的意見，都須慎加考慮。

三、關於國民大會之職權，批評頗多，尤以認為除四項政權外國民大會應尚有其他職權者，主張至為複雜，其有背權能區分之原則，已如上述，玆不贅外，其對四權行使規定之批評，可分述如次：

（甲）關於選舉權、罷免權之行使，現定以總統副總統為限，有認為範圍過狹，而主張擴及五院者，有主張兼及立監兩院者，有主張兼及司法、考試兩院者，亦有主張選舉權可稍狹，罷免權宜擴充者，各種意見，不一而足。我們認為選舉權罷免權之範圍，誠可研究，但政權原應直接行使，不能直接行使時始不得不間接行使，立監兩院委員現分由人民直接選舉及省市議會間接選舉，既尚無窒碍，似不必變更。行政、司法、考試三院院長和大法官、考試委員，仍宜由總統提名，如須經國民大會同意，固越政權範圍，事實上亦有不便。選舉權似仍可以總統副總統為限，惟罷免權可否擴充？則可研酌。如立監兩院委員雖由民選，然非委任代表，不一定由原選區罷免，是否可改由國民大會罷免？卽可考慮。又如對行政、司法、考試三院院長和大法官、考試委員的彈劾案，為期與一般公務員之懲戒程序有別，可否改由國民大會為罷免與否之決議？亦可慎加研議。

（乙）關於創制權、複決權之行使，規定除修改憲法及複決憲法修正案外，俟全國有半數之縣市曾經行使創制複決兩項政權時，由國民大會制定辦法並行使之。對此一限制，非議頗多，此一限制雖爲政治協商會議妥協之產物，然尚無背於　國父遺教。惟以行憲未幾，大陸卽告淪陷，全國各縣市自治之完成遙遙無期，對法律之創制複決，不宜長此擱置，經國民大會一再研議，已於民國五十五年臨時會修訂臨時條款，規定「動員戡亂時期，國民大會得制定辦法，創制中央法律原則，與複決中央法律，不受憲法第廿七條第二項之限制」，並經國民大會制定創制複決兩權行使辦法，咨請總統公布。此一問題，已告解決。

綜上所述，可見現行憲法關於國民大會的規定，雖有不少批評和意見，但在基本上與權能區分理論和五權憲法思想尚無違背，雖其規定並非盡美盡善，也還有些值得研究和修正的地方，然尚非原則問題，可俟將來研究修憲時從詳研議。

現行憲法頒行後，當經於民國卅六年十一月舉行第一屆國民大會代表選舉，並於翌年三月廿九日召開第一屆國民大會第一次會議，迄今已逾卅年，國民大會經先後舉行會議六次、臨時會一次。均依照憲法之規定，行使職權，爲我國憲政建立了規模，也爲國民大會這一制度奠立了基礎，發揮其功能。但卅多年來國民大會制度的建立與功能的發揮，也曾遭遇若干困難，發生若干問題，雖然都能循憲政常軌與合法途徑，妥爲解決，然檢討既往，當有助於吾人對此一制度之認識與研究。玆仍就其性質、組織與職權，分述如次：

一、關於國民大會之性質，原無疑義，惟民國四十六年由於參加國際性的國會聯合會，發生應以何機關代表的問題，各方意見不一，國民大會與立監兩院各執己見，終由大法官會議以釋字第七十六號解釋，認爲「我國憲法係依據孫中山先生之遺敎而制定，於國民大會之外，並建立五院，與三權分立制度，本難比擬。……但就憲法上之地位及職權之性質而言，應認國民大會立法院監察院共同相當於民主國家之國會」。此一解釋在法理上自非並無硏討餘地，惟此原屬政治問題，而非法律問題，僅因事實需要循法律途徑予以解決而已。

二、關於國民大會的組織，曾發生左列問題：

（甲）國民大會代表原應每六年改選一次，惟以大陸淪陷，事實上無法按期改選，幸憲法第廿八條第二項有「每屆國民大會代表之任期，至次屆國民大會開會之日爲止」之規定，在次屆國民大會未能依法選出集會前，任期尙未屆滿，自可繼續集會，但如久不選擧，難期新陳代謝，故五十五年國民大會第四次會議修訂臨時條款，有「對於依選擧產生之中央公職人員，因人口增加或因故出缺而能增選或補選之自由地區及光復地區，均得訂頒辦法實施之」之規定，乃於五十八年在自由地區辦理增選補選，但以因人口增加或因故出缺爲要件，僅能增選國大代表十人，補選五人，人數仍嫌過少，未足充實中央民意機構之需要。乃於六十一年由國民大會第五次會議再加修訂，授權總統得訂頒辦法，在自由地區增加中央民意代表名額，定期選擧，當由總統訂頒自由地區增加中央民意代表名額選擧辦法，於同年選出增額國民大會代表五十三人。故目前國民大會代表，有由第一屆選舉產生者，有由增選補選產生者，亦有由增額選舉產生者，三者共同依法行使職權。前兩者俟大陸光復，次第改選，後者則每六年改選一次，頗爲複雜，惟係基於增進國民大會新機活力之實際需要，亦足見其兼顧憲政體制與事實需要之苦心。

（乙）因大陸淪陷而生之另一問題爲：國民大會代表名額依其選舉罷免法規定原共爲三、○四五人，第一屆選舉時共選出二、九六一人，戰亂後來臺者僅略逾半數（四十三年在臺舉行第二次會議時，報到代表一、五七八人）。而依國民大會組織法規定，非有代表過半數之出席，不得開議，其議決除憲法及法律另有規定外，以出席代表過半數之同意行之，集會頗爲困難。經於四十三年一月將組織法修正，以代表三分之一之出席爲開會法定人數，決議則仍以出席代表過半數行之，同年二月召開之第二次會議乃順利舉行。惟因代表總額仍依應選出之總額計算，無法依憲法第一七四條之程序修訂臨時條款，總統副總統之選舉亦難在一次投票中獲得代表總額過半數票，而須舉行第二次投票，事實仍有窒碍。四十九年二月乃由大法官會議解釋：「憲法所稱國民大會代表總額，在當前情形應以依法選出而能應召集會之國民大會代表人數爲計算標準」，自第三次會議起，乃不再發生困難。

（丙）國民大會代表兼職問題，因憲法第廿八條第三項僅限制其當選區域，而未如立監委員之有明確規定，乃發生國大代表可否兼任立法委員、地方民意代表及官吏的問題，各方意見不一，經大法官會議先後以釋字第三○、七四、七五等號解釋，認爲國大代表不得兼任立法委員及省縣議會議員，但兼任官吏，則並無限制。凡此解釋，雖非無不同之意見，惟此一問題已告解決。

（丁）此外，國民大會除六年定期集會行使選擧權外，其餘職權之行使，雖得召開臨時會，惟事實上極少機會，若干代表認爲難發揮功能，迭次建議修改憲法或組織法，設置常設機構及定期集會，或設置適當機構，使國大代表能有更多之機會貢獻其力量，並曾於第一次會議決議組織憲政督導委員會，由各代表自由參加，第二次會議建議政府設置光復大陸設計研究機構，延攬各代表參加，第三次會議修訂臨時條款，於閉會後設置機構，研擬兩權行使辦法及有關修憲各案，臨時會再修訂臨時條款，亦有「國民大會於閉會期間，設置研究機構，研討憲政有關問題」之規定。除前兩者性質上係屬政府機構，並非國民大會之組織，且憲政督導委員會早經結束，可不置論外，第三次會議所通過設置之憲政研討委員會則屬國民大會之組織，惟屬臨時性質，亦已告結束。臨時會修訂臨時條款所設之機構，亦定名爲憲政研討委員會，亦屬國民大會之組織，但其性質純屬研究機構，從事憲政有關問題之研究，以供國民大會及有關機關之參考，而不涉及政權之行使，尙非國民大會職權之擴張。

三、關於國民大會之職權，仍分就四權之行使說明之：

（甲）關於選擧權罷免權之行使，經先後召開六次會議，依法選出第一任至第六任總統副總統。總統副總統之連選連任，憲法原規定以一次爲限，惟以事實需要，經國民大會第三次會議修訂臨時條款，解除此一限制，故第一任至第五任總統均由先總統　蔣公連任，副總統則尙無連任一次以上者。至罷免權之行使，則僅曾對第一任副總統行使一次，當時國民大會固已有代表簽署提出罷免案，監察院亦經通過向國民大會提出彈劾案，嗣由國民大會就監察院所提彈劾案討論後，決議依法予以罷免。

（乙）關於創制權複決權之行使，對憲法之修改，國民大會第一次會議時，即有代表提出修憲案六件，經綜合審查，認爲行憲伊始，不宜即行修憲，而爲適應動員戡亂之需要，應依修憲程序，制定臨時條款，將憲法中不能適應需要者，暫予凍結，一俟戡亂終了，即仍繼續有效，而無傷於憲法之完整。嗣後第二次及第三次會議，雖亦有代表提出修憲案，惟均未討論，僅於第三次會議時修訂臨時條款，設置機構加以研究。嗣經憲政研討委員會秉承先總統　蔣公之指示，決議在大陸光復前不修改憲法，復經國民大會臨時會決議接受，此後即不再有修憲案提出。至臨時條款亦係依修憲程序制定，自第一次會議制定以來，迭經第三次會議、臨時會、第四次會議及第五次會議四度修訂。此外，對憲法修正案之複決，則以立法院迄未提出任何修憲案，尙無行使實例。關於中央法律之創制複決，自國民大會臨時會修訂臨時條款，解除憲法第廿七條第二項之限制，並制定國民大會創制複決兩權行使辦法，咨請總統公布後，國民大會已得依照該辦法之規定，創制中央法律原則及複決中央法律。惟臨時條款尙有「在戡亂時期，總統對於創制案或複決案認爲有必要時，得召集國民大會臨時會討論之」之規定，是國民大會代表所提出之創制案或複決案，應先咨送總統，由總統於其認爲必要時召集國民大會臨時會討論，此爲兩權行使程序之特別規定，創制案或複決案自應循此程序辦理。惟若干代表援引大法官會議曾於民國四十二年十二月就監察院所提副總統彈劾案，可否提出國民大會討論問題所爲之解釋：「國民大會遇有憲法第卅條列舉情形之一召集臨時會時，其所行使之職權，仍係國民大會職權之一部份，依憲法第廿九條召集之國民大會，自得行使之」，認爲依憲法第廿九條召集之國民大會，應亦可討論創制案或複決案，故於六十一年第五次會議時，曾有代表簽署提出創制案兩件、複決案四件。亦有代表認爲上開解釋僅認國民大會常會得行使憲法第卅條所列舉之職權，至對中央法律之創制複決，係依臨時條款之規定行使，自應循臨時條款所定之程序進行。故第五次會議主席團討論創制複決各案時，各代表意見不一，嗣以簽署代表陸續撤銷，不足法定人數，各案均未能成立，致未提國民大會討論。故對中央法律之創制複決，雖無行使實例，惟對其程序之規定，則應加注意。

綜上所述，可見卅多年來大會雖曾遭遇了不少困難和問題，但都能循憲政體制和合法途徑，因應事實需要，妥謀解決，使國民大會能如期召開，依法行使其職權，發揮其功能，以強固民主憲政基礎。此皆由於各方能共體時艱，忠誠謀國，而國民大會諸代表的公忠體國，尤足贊佩。同時，也說明了五權憲法的憲政體制已在我國奠立了堅強不拔的基礎，這一民主憲政的力量將爲我們反共復國必勝必成的最大保證。

五、總統的地位和職權

五權憲法的中央政制，採五權分立，設行政、立法、司法、考試、監察五院分別行使五項治權，這是毫無疑義的。但五權憲法的中央政府，除了五院外，應該還有代表國家的元首，在 國父遺教中，初稱爲「大總統」，後稱爲「總統」，其地位和職權如何？便很值得研究。

雖然， 國父早在民前六年中國同盟會革命方略的軍政府宣言中，宣示實行憲政三時期的程序：「第三期爲憲法之治。全國行約法六年後，制定憲法，軍政府解兵權、行政權，國民公舉大總統，及公舉議員以組織國會。一國之政事，依於憲法以行之」，便以大總統爲國家元首，但沒有說明其應有的地位和職權。同年， 國父在民報一週年紀念會講辭中，首次提出「五權分立」的主張，也只說明五權分立和三權分立的區別，而沒有談到總統的地位和職權。其後， 國父在民國五年對兩院議員演講「自治制度爲建設之礎石」時，曾具體主張由每縣舉代表一人，「用以開國民大會，得選舉大總統」，已說明總統的產生方法，但對其地位與職權，尙無具體指示。

不過，國父既以總統爲國家元首，自爲國家的代表，具有一般國家元首對外有締結條約和宣戰、媾和等職權，對內有統率三軍、任免百官、授與榮典和公布法律、發布命令等職權，這是沒有問題的。同時，五權憲法的國家元首，因五院爲治權的分工，應平衡而統一、分立而相成，總統自應爲五權聯絡的樞紐，負調節五權、聯絡五院的責任，也應無疑問。最值得研究的，是總統除了爲國家元首和五院聯絡樞紐外，是否還兼爲行政首長？也就是說：五權憲法中的總統是否應如總統制的總統，兼負行政首長之責？

關於這一問題，國父最初在民國三年的中華革命黨黨章中，試行五權分立，便規定由總理組織本部，下分設總務、黨務、財政、軍事、政治各部，另設協贊會，分設立法、司法、監督、考試四院，以「與本部並立爲五」，顯係以領袖兼長行政。其後，民國七年在孫文學說中說：「憲法制定後，由各縣人民投票選擧總統，以組織行政院；選擧代議士，以組織立法院：其餘三院院長，由總統得立法院同意而委任之，但不對總統、立法院負責，而五院皆對於國民大會負責」。民國十年演講五權憲法時說：「這個五權憲法不過是上下反一反，去掉君權，把其中所包括的行政、立法、司法三權，提出來做三個獨立的權，來施行政治，在行政人員一方面，另外立一個執行政務的大總統」。又說：「五權憲法的立法人員就是國會議員，行政首領就是大總統，司法人員就是裁判官，其餘行使彈劾權的有監察官，行使考試權的有考試官」。這些指示，都以總統爲行政首長，行使治權中的行政權，頗爲明顯。

但民國十三年 國父手訂「建國大綱」，明定實行五權憲法的步驟和方法，規定「在憲政開始時期，中央政府當完成設立五院，以試行五權之治」，「憲法未頒布以前，各院長皆歸總統任免而督率之」。等到「全國有過半數省分達至憲政開始時期，卽全省之地方自治完全成立時期，則開國民大會，決定憲法而頒布之」。「憲法頒布之後，中央統治權則歸於國民大會行使之，卽國民大會對於中央政府官員有選舉權、有罷免權，對於中央法律有創制權、有複決權」。依此規定，在憲政開始時期，五院院長都由總統任免督率，憲法頒布後，則由國民大會選舉，其與總統關係如何，雖未明定，但應在總統以外，另設行政院院長，而非由總統組織行政院，則頗明顯。

建國大綱既明定於總統之外，另設行政院院長，則行政院是否爲國家最高行政機關？如行政院與其他四院同爲最高治權機關，自應以行政院院長爲行政首長，反之，如行政院長由總統任免，對總統負責，則仍以總統爲行政首長，兩者究以何爲當？學者意見固不一致，在制憲過程中歷次憲法草案的規定，也極分歧：最初，民國廿二年立法院成立憲法草案起草委員會，首先議訂起草原則廿五項，其中第十六項爲：「總統爲國家元首，不直接負行政責任」，第十七項爲：「行政院長由總統經立法院之同意任免」，顯以行政院長爲行政首長，而總統不負行政責任。但最後通過經國民政府於民國廿五年公布的五五憲章，則定總統和立法、司法、監察、考試四院都對國民大會負其責任，而行政院院長、副院長、政務委員和各部會首長則由總統任免，各對總統負其責任，這又很明顯以總統兼爲行政首長，雖設行政院掌理行政權，但行政院長對總統負責，而由總統對國民大會負責。最初的原則和最後的草案剛好採取相反的見解，其間的歷次草案則設計不一，大都是在兩說之間折中取捨。其後，民國卅五年的政治協商會議憲草修改原則，規定：「1行政院爲國家最高行政機關，行政院長由總統提名，經立法院同意任命之。行政院對立法院負責。2如立法院對行政院全體不信任時，行政院長或辭職，或提請總統解散立法院。但同一行政院長不得再提請解散立法院」。則又以行政院長爲行政首長，且採用三權分立的內閣制，使行政院對立法院負責。

以上兩說，究竟何者符合五權憲法的理論和精神呢？自然，從上述　國父遺敎，可知　國父起初是主張以總統爲國家元首兼行政首長的，傾向於總統制，其後，主張設立五院，對總統和行政院的關係則未有明白指示，總統不負行政責任或兼爲行政首長，似均無不可。依五權憲法的理論，只要五權能依平衡而統一、分立而相成的原則，分別行使，而由國家元首負調節與聯絡之責，則縱由國家元首兼爲行政首長，其行政權之行使應亦與其他四權平衡而統一、分立而相成，如以行政院長爲行政首長，則國家元首僅負調節五權之責。故以國家元首或行政院長爲行政首長，均無背於五權分立的原則，儘可如　國父最初提出五權分立時所指示「詳細的條理、完全的結構，要望大衆同志盡力研究」，按照實際情形和需要，妥爲研訂。不過，如果以行政院長爲行政首長，而同時採三權分立的內閣制，使行政院和立法院的關係，變成內閣與國會，這便違反五權憲法的精神了。

民國卅五年制憲國民大會通過的現行憲法，雖以政協憲草修改原則爲基礎，但已有很多修正，關於總統與行政、立法兩院的關係，也採取較爲折中的立場。現行憲法關於總統的規定，除在第四十五條至五十二條規定其選舉、罷免、任期、保障外，對總統的地位與職權，規定如次：

一、總統爲國家元首，對外代表中華民國（第卅五條）。

二、總統統率全國陸海空軍（第卅六條）。

三、總統依法公布法律、發布命令，須經行政院院長之副署，或行政院院長及有關部會首長之副署（第卅七條）。

四、總統依本憲法之規定，行使締結條約及宣戰、媾和之權（第卅八條）。

五、總統依法宣布戒嚴，但須經立法院之通過或追認。立法院認爲必要時，得決議移請總統解嚴（第卅九條）。

六、總統依法行使大赦、特赦、減刑及復權之權（第四十條）。

七、總統依法任免文武官員（第四一條）。

八、總統依法授與榮典（第四二條）。

九、國家遇有天然災害、癘疫，或國家財政經濟上有重大變故，須爲急速處分時，總統於立法院休會期間，得經行政院會議之決議，依緊急命令法，發布緊急命令，爲必要之處置，但須於發布命令後一個月內，提交立法院追認，如立法院不同意時，該緊急命令立即失效（第四三條）。

此外，由於五權憲法的總統秉負調節五權、聯絡五院的責任，現行憲法除在第四四條概括規定：「總統對於院與院間之爭執，除本憲法有規定者外，得召集有關各院院長會商解決之」外，並在總統與五院關係中，分別規定總統對五權調節和聯絡的權力。關於此點，容當另文研討，玆不論述。

從上述現行憲法有關總統地位和職權的規定，第卅五條明定「總統爲國家元首，對外代表中華民國」爲一基本規定，確定總統爲國家元首的地位，對外固代表中華民國與外國發生各種關係，對內也代表國家，統率三軍、任免百官、發布政令而與人民發生各種法律關係。其餘，第卅六條的統帥權、第卅七條的公布法律、發布命令權、第卅八條的外交權、第四〇條的赦免權、第四一條的任免權和第四二條的授與榮典權，都是國家元首的職權，也和各國國家元首的規定大致相同。值得注意的是第卅九條的戒嚴權、第四三條的緊急命令權和第卅七條公布法律發布命令須經行政院院長副署的規定。

總統戒嚴權和緊急命令權都是基於國家緊急權思想，認爲國家在遭遇緊急狀態時，爲維護國權的完整、維持社會秩序或保障公共利益，得由國家元首依法授權，爲臨機應變之措施，或發布代替法律之緊急命令。這一思想，過去雖爲強調個人主義自由主義者所不採，但廿世紀以後，由於國際情勢時在劍拔弩張中，國內政治經濟情勢又時有急遽變化，已漸爲各國所接受，二次大戰後，且多在憲法中予以規定。雖戒嚴制度有在憲法規定者，有包含於緊急命令中者，緊急命令之條件與限制，亦各國不同，惟國家元首於遭遇緊急狀態時，有臨機應變之權，則已爲各國所普遍接受。

我國總統的緊急應變權，現行憲法將戒嚴權與緊急命令權分別規定，而其規定均甚嚴格：總統宣告戒嚴固須依戒嚴法之規定，於有法定原因（發生戰爭或叛亂）時，依法定程序（經行政院會議之議決、立法院之通過或追認）爲之，立法院並得決議移請總統解嚴。總統發布緊急命令更限於憲法所規定之原因（國家遇有天然災害、癘疫、或財政經濟上有重大變故，有須爲急速處分之必要），並須於立法院休會期間，經行政院會議之決議，始得依緊急命令法之規定爲之。總統這兩項權力的行使，雖然都要經過行政院會議的決議，但其權力專屬於總統，且均在憲法中明定，與若干國家僅在緊急狀態時，由國會通過戒嚴法或授權法案，授權總統執行戒嚴或發布緊急命令者不同。尤其我國行憲後，即遭遇中共全面叛亂，憲法所定之總統緊急應變權力，已不足因應實際需要，乃由國民大會於民國卅七年制定動員戡亂時期臨時條款，授權總統「爲避免國家或人民遭遇緊急危難，或應付財政經濟上重大變故，得經行政院會議之決議，爲緊急處分，不受憲法第卅九條及第四十三條所規定程序之限制」，將宣告戒嚴權併入緊急處分權予以規定，並簡化其程序，使總統有充分緊急應變的權力，以適應動員戡亂的需要。這說明我國總統雖非總統制之國家元首，兼負行政首長之責，但依據憲法的授權，其職權亦與一般內閣制之國家元首有別。

現行憲法一面規定行政院長由總統提名，經立法院同意任命，而依憲法第五十七條之規定，對立法院負責，一面規定總統依法公布法律、發布命令，須經行政院院長之副署，或行政院院長及有關部會首長之副署，頗類似內閣制國家元首與內閣總理及國會間之關係，故有據此謂現行憲法係採用內閣制者。惟我憲法雖規定行政院長之任命須經立法院同意，並依第五十七條規定，對立法院負責，但立法院對行政院之重要政策不贊同時，僅得以決議移請變更，而不能以不信任案迫使辭職，行政院對立法院上述決議及所通過之法案，亦得經總統核可，移請立法院覆議，而不能提請解散重選，惟覆議時如經出席立委三分之二維持原案，行政院長卽應接受決議或辭職。此等規定，顯與內閣制有別，而行政院長對立法院決議或所通過之法案，移請覆議，須經總統之核可，尤堪注意。至總統公布法律發布命令，須經行政院長副署，原亦爲內閣制特徵之一，惟內閣制之副署，係因國家元首不負政治責任，故一切政令，均由內閣副署，使內閣負其責任。惟副署之意義非必在表明責任，爲使副署者與聞其事，加強聯繫，亦可由其副署。五五憲草顯非採內閣制，其第卅八條卽有「總統依法公布法律、發布命令，並須經關係院院長之副署」之規定，以加強五院間之協調與聯絡，足見副署之規定，非必在使副署者負其責任。由此可見現行憲法有關總統與行政、立法兩院之關係，雖非採總統制，以總統爲行政首長，但亦與內閣制之總統純爲國家元首者有別，認我係採總統制或內閣制者，均非的論，有謂爲新總統制者，有認爲總統制與內閣制之折中者，有稱之爲權責分工制者，自均無不可。要之，五權憲法的總統原與三權分立的國家元首有別，自與總統制或內閣制均有所不同，原難並論，如必相比擬，則可說是總統制與內閣制的折衷制度。

現行憲法公布後，對有關總統地位和職權的規定，憲法學者多加批評，提出各種不同的意見。尤其是關於總統與行政、立法兩院的關係，多認爲違反 國父遺敎，有背五權憲法的精神。但我們認爲五權憲法的總統地位，最重要的是國家元首和五權聯絡的樞紐，至是否兼爲行政首長，均無背於五權分立的原則。現行憲法固明定總統爲國家元首，有關國家元首職權之規定，亦甚完備。有關總統與五院關係的規定，也確立了總統調節五權、聯絡五院的地位。至總統對行政的責任， 國父雖早年曾主張由總統組織行政院，但在建國大綱已明定行政院院長之設置。究仍以總統爲行政首長，行政院長對總統負責，抑以行政院長爲行政首長， 國父並無明白指示，而兩者均不違反五權分立之原則，已如上述，故現行憲法以行政院爲國家最高行政機關，而不以總統爲行政首長，惟行政院長由總統提名，行政院對立法院之決議或所通過之法案移請覆議時，須經總統之核可，使總統對行政權仍保有相當調節之權力，自無背五權憲法之精神。惟第五十七條有關行政院對立法院負責之規定，及第卅七條總統公布法律發布命令須經行政院長副署之規定，均採自三權分立的內閣制，顯嫌偏重於制衡思想，則不無可議。

憲法頒行後，第一屆國民大會於民國卅七年三月集會，依法選舉先總統 蔣公爲首任總統，於同年五月廿日就職，依憲法之規定行使其職權。卅一年來，國家雖迭遭非常變故，仍盡力排除萬難，按時召開國民大會，選舉總統，迄今歷經六屆，第一屆至第五屆總統，均係先總統　蔣公當選。雖憲法第四十七條原有「連選得連任一次」之限制，惟民國四十七年國民大會第三次會議基於事實需要，亟須總統　蔣公繼續主持國政，特依修憲程序，修訂動員戡亂時期臨時條款，解除此一限制，選舉　蔣公連任。第五屆總統任期中，　蔣公不幸逝世，乃由副總統嚴家淦先生依法繼任，第六屆總統則由今總統蔣經國先生當選。由第一屆至第六屆總統，均依憲法之規定，行使其職權。惟以行憲以來，國家迭遭非常變故，必須政府有緊急應變之權力，始能臨機應變，故民卅七年國民大會第一次會議卽制訂動員戡亂時期臨時條款，授與總統緊急處分權，已如上述。五十五年國民大會第四次會議認爲達成動員戡亂，必須貫徹總統統帥權之行使，以實施總體作戰，特再修訂臨時條款，增列兩項授權：一爲「動員戡亂時期，本憲政體制，授權總統，得設置動員戡亂機構，決定動員戡亂有關大政方針，並處理戰地政務」。二爲「總統爲適應動員戡亂需要，得調整中央政府之行政機構及人事機構」。同時並規定：總統「對於依選舉產生之中央公職人員，因人口增加或因故出缺，而能增選或補選之自由地區及光復地區，均得訂頒辦法實施之」。至六十一年國民大會第五次會議修訂臨時條款，上述有關總統統帥權的兩項授權並無變動，僅「得調整中央政府之行政機構及人事機構」下，增加「及其組織」四字，關於總統得訂頒辦法辦理中央公職人員增選補選的規定，則予擴張，改爲總統得依照規定，訂頒辦法，在自由地區增加中央民意代表名額，定期選舉，以充實中央民意機構，不受憲法第廿六條、第六四條及第九一條之限制。

由於臨時條款之授權，目前總統除行使憲法所賦與之職權外，復有臨時條款所授與之緊急應變之權力，其內容又可分左列兩種：

一、臨時條款第一、二兩項所授與之緊急處分權——依憲法規定，總統原有宣布戒嚴與發布緊急命令兩項應變權力，惟其規定均限制至嚴，未能適應動員戡亂之需要，已如上述。故臨時條款特授與緊急處分權，解除憲法規定程序之限制：在動員戡亂時期，爲避免國家或人民遭遇緊急危難，或應付財政經濟上之重大變故，總統得經行政院會議之決議，採取下列緊急處分：㈠宣布戒嚴，而無須立法院通過或追認，立法院亦不得以決議移請總統解嚴，僅得依憲法第五十七條第二款之程序，移請行政院轉請解嚴，但行政院亦得經總統核可，移請覆議。㈡發布緊急命令，不限於遇有天然災害、癘疫等情形，亦不問是否在立法院休會期間，更無須依緊急命令法之規定，發布後亦無須提請立法院追認，但立法院得依憲法第五十七第二款之程序移請變更或廢止。此項緊急命令得爲抽象之法規命令，亦得飭由主管機關爲具體之行政處分。其所發布之命令，均與法律有同等之效力。

二、臨時條款第四、五兩項所授與之貫徹統帥權之權力——按憲法第卅六條，有「總統統率全國陸海空軍」之規定，此項統帥權之行使，原應依國防組織之統帥系統爲之，且其範圍限於軍令，而不涉及軍政。惟現代戰爭爲總體性之戰爭，動員戡亂必須動員全國人力物力，以敉平叛亂，爲適應事實需要，貫徹統帥權之行使，乃由臨時條款授權總統：㈠得「設置動員戡亂機構，決定動員戡亂有關大政方針，並處理戰地政務」，使軍令與軍政措施，密切配合與聯絡，以實施總體作戰。㈡得「調整中央政府之行政機構、人事機構及其組織」，以加強行政效能，適應動員戡亂之需要。

此外，臨時條款第六項規定總統得訂頒辦法，在自由地區，增加中央民意代表名額，定期選舉，第八項規定總統對於創制案或複決案認爲有必要時，得召集國民大會臨時會討論之，亦均爲對總統之特別授權，而爲憲法所未規定。前者旨在充實中央民意機構，後者旨在發揮國民大會之功能，惟均屬特別事項之授權，而無關總統原有之地位與職權，玆不贅述。

基於上述臨時條款之授權，動員戡亂時期之總統的地位和職權，已與憲法所定之總統地位和職權，大不相同。動員戡亂時期之總統，不僅爲國家元首與五權聯絡之樞紐，具有代表國家及調節五權、聯絡五院之權責，且依臨時條款之授權，具有非常時期之緊急應變之權力，得爲緊急處分及貫徹統帥權之行使，此項權力雖有其時間性及規定條款之限制，然其範圍頗爲廣泛。惟歷任總統對此項權力之行使，均至審愼，非事實上確有必要，絕不輕於行使。先總統　蔣公於五十五年國民大會第四次會議增訂臨時條款第四、五兩項授權時，卽曾明白宣示：「中正對統率權的態度是『有所爲』，而亦『有所不爲』，這就是說：凡有助於動員戡亂的行動，就是有助於憲政法治的維護，凡能啓發新機活力，有裨於反共復國革命戰爭者，則當毅然爲之。凡有碍於人民生計、社會生存及其有關基本民權自由者，則斷然不爲。」故關於緊急處分權，除爲適應戰爭需要，曾於卅七年十二月宣告全國戒嚴，爲應付財政經濟之重大變故，曾於卅七、八年間先後發布緊急命令，改革幣制與發行公債外，來臺以後，三十餘年來，僅曾於四十八年八月爲應付八七水災，發布緊急處分八項，六十七年十二月因美匪建交發布緊急處分三項。關於貫徹統帥權之行使，則自五十五年授權迄今，除於五十六年二月援用設置動員戡亂機構之權力，設置國家安全會議及附屬機構外，僅曾於五十六年七月援用調整中央行政與人事機構之權力，於行政院設置人事行政局，同年八月援用決定動員戡亂有關大政方針之權力，頒令延長國民敎育之年限爲九年。凡此，均足見歷任總統對此等權力之行使，備極愼重，且非有必要，仍依通常程序執行，如決定延長國民敎育爲九年，卽仍飭由行政院擬訂九年國民敎育實施條例，送請立法院完成立法程序施行。具見維護憲政體制之苦心，非基於動員戡亂之必要，不輕於行使非常時期之特別權力。

至於憲法所規定的總統職權，行憲以來，歷任總統都依法行使，來主持國政，推行國策，弘揚憲政的功能。除關於總統與五院關係的運作，當另文加以硏討外，關於總統有關國家元首的職權，卅多年來均遵循憲法之規定，妥愼行使，除憲法第卅六條之統帥權及第卅九條之戒嚴權與第四十三條之緊急命令權，由於臨時條款之授權已有變更，其運作情形亦已見上述外，其餘各項職權之運作，略如左述：

一、關於總統之公布法令權，依憲法第卅七條規定，應依法爲之，並須經副署。關於法律之公布，歷年立法院所通過之法律案，總統均依憲法第七十二條規定，於收到後十日內公布。其依照憲法第五十七條之規定移請覆議者，爲數極少，且均獲立法院接受，不維持原案。惟憲法七十二條但書「總統得依照本憲法第五十七條之規定辦理」，究係指得依第五十七條第三款之程序，由行政院經總統核可，移請立法院覆議，抑總統亦得逕依第五十七條之規定，移請覆議？解釋上意見不一。如總統亦得逕行移請覆議，則應亦屬憲法賦與總統職權之一。按覆議制度原仿自總統制，總統未經行政院報請，亦得移請覆議，當無背覆議之本旨。關於命令之發布，歷年總統發布各項命令，均經行政院長或行政院長及有關部會首長之副署，不生任何問題。惟本條所稱之命令，究何所指？學說上則不無爭議，實務上亦曾有總統任免行政院長是否亦須由行政院長副署之疑義。學者中固有認爲總統一切行爲均須由行政院長副署者，顯屬基於內閣制之觀點，對任免行政院長亦須由行政院長副署，亦感難於自解。總統發布命令其屬法規命令者，應經副署，自無疑義，惟如任免文武官員，尤其司法、考試兩院院長、副院長及大法官、考試委員與行政院長本身之任免，性質上實不宜須經行政院長副署。此外，如總統行使締結條約及宣戰、媾和之權、及公布預算、大赦等，依法均須先經行政院會議通過，有無再經副署以資聯繫之必要？亦待商榷。凡此，實例雖尚未生問題，學術上仍至堪研究。

二、關於總統之外交權，依憲法第卅八條規定，得依本憲法之規定，對外締結條約或宣戰、媾和。所稱「依本憲法之規定」，在程序上，應依第五十八條規定，先經行政院會議之議決，次須依第六十三條規定，經立法院之議決，如須變更固有之疆域，並須依第四條規定，經國民大會之決議。在實質上，則須依第一四一條規定，遵循我國外交之基本國策。歷年總統對外締結條約及對日媾和，均遵循上開規定之原則與程序，並無疑義。惟所謂締結條約，應係指國際條約而言，至行政協定，則雖多仍經行政院會議決議，但無須經立法院通過。此點，各國雖多爭論，惟我國行政、立法兩院向能本五權分立之精神，互相尊重，尚無爭議。此外，總統派遣駐外使節或接受外國使節，則係依其對外代表中華民國之職權爲之，亦不受締約及宣戰媾和等規定程序之限制。

三、關於總統之赦免權，依第四〇條規定，總統行使大赦、特赦、減刑、復權之權，應依法爲之。而所稱依法，大赦應依憲法之規定，經行政院會議及立法院之議決，特赦、減刑、復權，應依赦免法之規定，經行政院主管之審議，全國性之減刑並應依大赦程序辦理。行憲以來，歷任總統對赦免權之行使，至爲審慎，迄未宣告普遍性之大赦，僅曾於行憲之初，頒布罪犯赦免減刑令，先總統　蔣公逝世，亦曾宣告全國性之減刑，均依大赦之程序行之。至對特定人之特赦、減刑或復權，亦備極慎重，固必依赦免法之程序，經主管部之審議，亦必基於事實之必要，符合刑事政策之目的，使受赦免者咸能感懷恩德，改過遷善，深符赦免制度之本旨。

四、關於總統之任命權，依憲法第四十一條規定，亦應依法爲之。所謂依法，兼指憲法與法律而言，總統任免行政院院長、副院長、各部會首長、政務委員、司法院院長、副院長、大法官、考試院院長、副院長、考試委員及監察院審計長等，憲法對其任免程序特予規定者，固須遵循規定之程序。對一般官員之任免，亦應遵守憲法第八五條「非經考試及格者，不得任用」、第八一條法官「非受刑事或懲戒處分或禁治產之宣告，不得免職」、第一四〇條「現役軍人不得兼任文官」等規定。而有關文武官員任免之法律，則為數甚多，無論任免之程序、任用之資格、免職之要件，均多有規定，而依照規定，荐任以上官員之任免，均應以總統之名義行之。故總統之任命權，主要為代表國家，依法定手續，任免百官，僅依法由總統提名或核定任免之人員，始由總統決定其進退。歷年總統之任命權，均係依上述規定行使，總統向立法院或監察院提名之人員，除偶有例外外，均獲同意；而對一般官員之任免，雖均由各級長官依法決定後，報請總統任免，惟由於全國公務人員之任免進退，均能遵守法律之規定，已為我國人事制度建立良好之基礎和規模。

五、關於總統之授與榮典權，依憲法第四十二條規定，應依法為之，即無論授與勳章、獎章、頒給褒狀、奬狀、或予以各種褒揚、榮譽，無論頒與本國人或頒贈外國人，無論受獎者現仍在生或已亡故，均應依法律規定之要件與程序行之。而有關授與榮典之法律雖多，惟其目的均不外對內激勵忠勤，移風易俗，對外敦睦邦交，增進關係。歷年以來，總統均一本此旨，依照法律所定之要件與程序，慎為授與，尤其近年來對友邦人士授與各種勳獎，對增進我國與各國之外交與實質關係，至有裨益。

綜上所述：五權憲法中總統的地位，一面是國家元首，一面是五權聯絡的樞紐，至是否還兼為行政首長，則可視國情而定。我國現行憲法則係以行政院長為行政首長，惟總統基於調協與聯絡五權之權責，自對行政權之行使，居於調節之地位。至總統的職權，除對五權之調協與聯絡外，關於國家元首之職權，現行憲法已詳予規定，雖細節非無尚可商榷之處，惟大體均符五權憲法之精神。而動員戡亂時期基於臨時條款之授權，總統除為國家元首與聯絡五權外，並有緊急應變之權力，得為緊急處分及貫徹其統帥權之行使，惟歷任總統對此項權力之行使，均本有所為亦有所不為之態度，審慎為之。至國家元首之職權，則歷任總統均依照憲法與法律之規定，妥慎行使，用能鞏固憲政體制，弘揚法治精神。今總統蔣經國先生於就職時曾明白宣示：「民主自由是中國政治的道路，憲政是貫徹民主自由的根本，中國軍民用血汗犧牲的代價，創造了憲政的光輝，這一光輝絕不容許汚損，這一根本絕不容許動搖」，在這樣的精神和決心領導下，自必更能維護憲法尊嚴和擴大憲政功能。

六、總統與五權的關係

五權憲法的中央政府，採五權分立制，設立五院分別行使行政、立法、司法、考試、監察五項治權，以建立有能的政府，爲人民服務，固無疑義。此外，中央政府還有作爲國家元首的總統，在五權分立的制度中，其地位和職權如何？已於前文論述。但最值得我們研究的，還是在五權分立中，總統和五權的關係如何？總統對五院處什麼地位？負何種責任？本文擬專就此加以探討。

我們知道：五權分立和三權分立的區別，並不僅在「五」和「三」數目的不同，而在三權分立以議會政治爲基礎，基於制衡原理，使三權互相牽制，不致侵害人民自由，而且只注重治法，以法律爲基礎，將國家權力爲立法、行政與司法，而使之互相制衡。五權憲法則以 國父的權能區分學說爲基礎，以建立萬能政府爲目的，它基於分工原理，使五權互相濟助，好分開五個門徑，去爲人民謀福利，而且注重治法與治人，以立法司法管法，以考試監察管人，而由行政負責執行，來爲人民服務。

因此，五權分立的五權相互間的關係，便和三權分立的三權間的關係，除了前者有十種關係，後者僅有三種關係，大不相同外，其關係之性質，亦大異其趣：

第一、五權是分立而相成的。這就是說：五權一面各自獨立，各有權力；一面相需相成，互相濟助。分立的作用是消極的防止弊害、避免專横；相成的作用則在積極的相輔爲用，發揮力量。

第二、五權是平衡而統一的。這就是說：五權一面互相平衡，無高低分別，一面力量統一，合力爲人民服務。平衡是地位相等，五權雖範圍有大小之別，地位却無高低之分；統一是力量集中，五權雖各有專管，權力分立，但都集中在爲人民服務，以發揮統合力量。

五權相互間既然要分立而相成、平衡而統一，自然要有一個調節聯絡的力量，消極方面，在使五權保持分立和平衡，防止越權和爭議，如果五權發生爭執，便出來調協，使各能獨立行使其應有的權力；積極方面，在使五權發揮相成和統一，互相濟助，協力爲人民謀福利。如果五權力量相消，便從中聯絡，使均能共趨一的，發揮統合力量。這一調節聯絡的力量，自應屬於總統。所以，總統在五權憲法中，不僅爲國家元首，也是五權聯絡的樞紐，負調節五權、聯絡五院的責任。

早在十九世紀，學者康士丹 (H. B. Constank) 便曾主張在三權之外，另設第四種權，而稱之為元首權，又可稱為中立權。它在政治上沒有任何積極的作用，僅站在中立的地位，以謀三權的調和，防止三權之越軌，藉解散國會、罷免內閣、宣告赦免來矯正立法、行政、司法的錯誤，並調解三權間的糾紛，使之能恢復常態。其後，巴西和葡萄牙憲法，都曾規定國家元首有調節權，或稱為緩衡權：

——調節權乃政治組織的樞紐，唯國家元首及國民最高代表之君主乃得享有之。君主有此權力，始能不斷的使其他權力保持獨立，並使各權力保持均衡與調和(巴西一八二四年憲法第九八條)。

——調節權乃政治組織的樞紐，專屬於國家元首，元首須監視各權力之獨立、均衡及調和(葡萄牙一八二六年憲法第七一條)。

上述學說與規定，雖均基於三權分立制，與五權分立不同，但認為元首應為政治組織的樞紐，居超然中立的地位，享有使各種權力保持獨立、均衡與調和的權力，和上述五權憲法的總統，應負調節五權、聯絡五院的責任，道理是相同的。

關於總統此項調和聯絡五權的職權，在我國憲法制定的過程中，曾有各種不同的主張，也曾有先後不同的規定。最後，民國卅五年制憲國民大會所制定的現行憲法，則作左列規定：

一、概括的規定，第四四條明定：「總統對於院與院間之爭執，除本憲法有規定者外，得召集有關各院院長會商解決之」這就是說：五院中任何兩院以上發生爭執，總統均得召集會商解決。

二、個別的規定，則在總統與五院關係中，分別規定。從此等規定中，可見總統對五權的調節和聯絡的權力：

甲、總統與行政：

1.行政院院長由總統提名，經立法院同意任命之（第五十五條）。而依第五十七條之規定，對立法院負責。

2.行政院副院長、各部會首長及不管部會之政務委員，由行政院院長提請總統任命之（第五十六條）。

3.總統依法公布法律、發布命令，須經行政院院長之副署，或行政院院長及有關部會首長之副署（第三十七條）。

4.總統副總統均缺位時、總統副總統均不能視事時、或總統任滿而次任總統尚未選出或選出後總統副總統均未就職時，均由行政院院長代行總統職權，其期限不得逾三個月（第四十九至五十一條）。

乙、總統與立法：

1.總統任命行政院院長及審計長，須提經立法院同意（第五十五及一〇四條）。

2.總統宣布戒嚴或於立法院休會期間發布緊急命令，須經立法院通過或追認，立法院並得決議移請總統解嚴，或不同意而使緊急命令失效（第三十九及四十三條）。

3.行政院對立法院決議之法律案、預算案、條約案，認為窒礙難行，或對移請變更重要政策之決議案不贊同時，均得經總統之核可，移請立法院覆議。總統對立法院通過之法律案，應於十日內公布之，但亦得依上述規定辦理（第五十七及七十二條）。

丙、總統與司法——司法院院長、副院長、大法官，均由總統提名，經監察院同意任命之（第七十八、七十九條）。

丁、總統與考試——考試院院長、副院長、考試委員，均由總統提名，經監察院同意任命之。

戊、總統與監察院：

1. 監察院經全體監察委員四分之一以上之提議、過半數之審查及決議，得向國民大會提出對總統副總統之彈劾案（第一〇〇條）。

2. 總統任命司法、考試兩院院長、副院長及大法官、考試委員，須提經監察院同意。監察院審計長，則由總統提名，經立法院同意任命之（第七八、七九、八四、一〇四等條）。

依上所述之概括規定，總統對五院中任何院與院間的爭執，都得召集會商解決，消極方面可以防止五院間的爭議與糾紛，積極方面則可以促進五院間的均衡與調和。個別規定則總統對五院權力的行使，都予以適當的調節，並在五權相互關係中，保持着調協和聯繫的權力，如對人事的提名與同意，對行政院與立法院關係之調節，都旨在防止紛爭，並增進調協。充分顯示了總統為五院調和與聯絡樞紐的地位。

自然，對上述規定，學者之間有很多不同的意見和批評，除了關於總統與行政、立法兩院間之關係，涉及總統是否兼爲行政首長？也就是五權憲法的中央政制究應爲總統制抑內閣制的問題，經另文加以研討外，玆試就其中較重要者，分別探討如次：

一、關於總統得召集會商解決院與院間爭執之規定，五五憲草原來在第四十五條規定是：「總統得召集五院院長，會商關於二院以上之事項及總統諮詢事項」。當時主持起草的孫哲生先生在報告憲草最後修正經過時，曾有左列的說明：

「關於這一條，以前也經過很多研究，覺得現在訓政的時候，政府之上還有中央委員會，以爲最高的指導、聯絡、調整機關。……將來憲政以後，這種制度當然有了變更，……最初主張設一國務會議，由總統、五院院長及有關係的部長組織之，遇有兩院以上不能解決的事情，可由這個會議解決。……不過後經再三研究的結果，覺得這種辦法，在我們五權制度的原則下，未見十分妥善，……有碍五權獨立的精神。因此，有主張在國民大會閉會期間，要有一個常設機關，代理行使一切政權，並以解決院與院間的糾紛事項。……復經研究，覺得這個辦法還是不很妥善，……如果憲政以後，政府之上再有一個機關，變成太上政府一樣，在理論上說不通的；……不過覺得沒有一種聯繫辦法，遇事不能解決，也是不好，因想到總統是國家元首，是政府的最高領袖，可以授權予總統，規定聯繫辦法，以調整及解決院與院間的問題，所以這次草案加上這一條」。

從上說明，可知五五憲草規定的目的，在加強五院間的聯繫，調整與解決院與院間的問題，範圍頗爲廣泛。但政治協商會議的修憲原則，反對此一規定，在第七項有關總統的原則第(二)款中，明列：「總統召集各院長會商，不必明文規定」。制憲國民大會則加以折衷，仍維持召集會商之規定，而將其範圍規定較嚴：召集會商事項限於院與院間之爭執，參加會商者亦爲有關院長，而非五院院長。因此，有人認爲現行規定稍嫌消極，範圍亦嫌過狹，自非無理。但五權間的關係，是既分立又相成、既平衡又統一的，怎樣才能相成而無傷於分立，統一而無損於平衡？實有賴於政治的運用。現規定雖範圍稍狹，然院與院間之爭執，應包括政治爭執與權限爭議，會商解決固在消極防止紛爭，亦可積極促進調和。最重要的還是在實際運用上，如何依據五權憲法的精神，善爲因應，以達成五院間的均衡與調和。

二、關於總統公布法律發布命令須經行政院院長副署之規定，固屬總統是否兼爲行政首長的問題，但也和總統與五院之關係有關。一般認爲副署的規定，是內閣制的特徵，學者固有認我國憲法係採用內閣制者，但五權憲法之中央政制，多認爲應非內閣制，故對此項規定批評至多。在內閣制國家，因元首不負責任，由內閣對國會負責，因而元首發號施令，須經內閣總理及有關部長之副署，以使其負責。其副署之涵義不僅在表示同意，亦在表明責任。但副署之意義非必在使副署者負責任，爲使副署者與聞其事，以加強聯繫，亦可由其副署。五五憲草第卅八條原規定：「總統依法公布法律、發布命令，並須經關係院院長之副署」。五五憲草並無內閣制之意味，而有此規定，卽在加強總統與五院之聯繫，而非由關係院長負責，按諸五權憲法之精神，似無不可。且此項規定所稱發布命令，究何所指？並無定論。總統何項行爲，須經副署？亦有不同之看法。有認爲發布命令係指最廣義之命令而言，包括法規命令、職務命令及其他一切命令在內，即總統一切行爲均須經行政院長副署；有認爲發布命令應僅指法規命令而言，其餘總統行使職權，如締結條約及宣戰媾和等，均係由行政院發動，固無須再經副署，如任免文武官員、會商解決院際爭執等，性質上亦不宜由行政院長副署，均無副署之必要。前者顯係基於內閣制之觀點，副署之範圍過於廣泛，如任免行政院長亦須經副署，即認我國憲法爲內閣制者，亦認爲應加考慮。按依五權憲法理論及現行憲法之規定，總統原非不負政治責任之總統，認副署之規定應非在使副署者負其責任，而在加強聯繫，增進協作。關於副署之範圍，憲法三十七條既明定爲「公布法律、發布命令」，其所稱命令自以法規命令（即憲法一七二條及七八條所稱之命令）爲限，其餘總統依法行使職權之行爲，無須均由行政院院長副署，似非無見。要之，此項規定是否妥適？雖非無可議，惟探究其法意，尚無背於五權憲法之原理。

三、關於總統任命司法、考試兩院院長、副院長及大法官、考試委員須提經監察院同意之規定，也就是監察院同意權的規定，論者至多，多認爲監察院除監察權外，復有同意權，有背於五權憲法，且有認爲混淆政權與治權之劃分者。自然，監察院之同意權係沿自國會兩院制之上院職權而來，　國父有關監察權之遺敎及我國固有之臺諫制度，均無此項職權。同意權之意義，如在代表人民，監督政府，對總統之任用權加以限制，自非行使監察權之監察院所宜有。惟五權分立既在使五權分立而相成、平衡而統一，則爲謀五權之調和，增進五權之聯絡，對獨立行使職權之司法、考試兩院重要人員之產生，由總統提名，而經負監察責任之監察院同意，使得於事先作公正之審查，達成選賢與能之目的，增進院際調和聯絡，並使總統保持其超然之地位，發揮調節聯繫五權之作用，似亦無不可。惟主事者宜體認此意，共同一本五權分工的精神，分別依法行使職權，以爲國家選賢與能，而勿徒事牽制。此外，論者亦有主張將此項同意權歸屬國民大會者，但國民大會既爲政權機關，其職權應以選舉、罷免、創制、複決四項政權爲限，而不宜涉及其他。同意是否爲權力之一種，本屬疑問，其性質絕非政權，則至明顯，且以國民大會人數之多，集會之不易，行使此項同意權，事實上亦顯有困難，自不宜作此修正。

綜上所述，現行憲法關於總統與五權的規定，雖有若干批評和意見，但在基本上與權能區分理論和五權分立思想，尚無違背，對總統調節五權、聯絡五院的規定，雖稍嫌不足，對五權相互關係，稍嫌偏於互相制衡，未能充分發揮其相成與統一的作用。但五權濟助功能和統合力量的發揮，主要還有賴於實際的運用，現行憲法的規定雖非盡善盡美，基本上尚符合五權憲政體制。重要的還是看我們怎樣來弘揚其功能，建立「人民有權、政府有能」的憲政體制。

現行憲法頒行後，經依憲政實施準備程序完成各項選舉，建立中央政制，迄今已逾卅年。卅餘年來由於先總統　蔣公的卓越領導，已爲中央政制建立良好的規模，尤其總統職權的行使、五院功能的發揮，都已爲萬能政府的建立，奠立穩固基礎。由於行憲之始，即值共匪全面叛亂，爲使動員戡亂與實施憲政能同時並進，乃由國民大會第一次會議依據修憲程序，制定動員戡亂時期臨時條款，授與總統緊急應變之權力，其後復經依動員戡亂之實際需要，一再修訂，授與總統必要之權力，以貫徹統帥權之行使。凡此臨時條款對總統之授權，雖係基於戰時需要之臨時權力，然已加強總統之職權，而對總統與五權之關係，亦有所調整，使在動員戡亂時期益能發揮其協調整合之功能：

一、基於臨時條款第一、二兩項對總統授與緊急處分權的規定，總統行使憲法第卅九條的宣布戒嚴權時，無須依原定程序，經立法院通過或追認，立法院亦不得以決議移請總統解嚴，而僅得依憲法第五十七條第二款之規定，決議移請行政院轉請解嚴，行政院亦得經總統之核可，移請覆議。又總統行使憲法第四十三條的緊急命令權時，亦無須依原定程序，限於立法院休會期間，亦無須於一個月內提交立法院追認，但立法院得依憲法第五十七條第二款之程序，移請變更或廢止。

二、基於臨時條款第四、五兩項授權總統設置動員戡亂機構及調整中央行政與人事機構的規定，總統本憲法第卅六條的統帥權，爲實施總體戰，得設置動員戡亂機構，決定動員戡亂有關大政方針，及處理戰地政務，並得調整中央政府之行政機構、人事機構及其組織。總統此項權力之行使，可斟酌情形，或仍循通常程序，或逕以命令行之。其所發布之命令，既係基於緊急授權，自無須由行政院長副署。

因此，在動員戡亂時期，總統因臨時條款所授與之應變權力，而加強其權責，惟卅餘年來先總統　蔣公及繼任之嚴總統、蔣總統對此項權力之行使，均至審慎，非有必要，絕不輕於行使，如緊急處分權除爲適應戰爭需要，曾於卅七年宣告全國戒嚴，爲應付財政經濟之重大變故，曾於卅七、八年間先後發布緊急命令，改革幣制及發行公債外，遷臺以後，僅曾於四十八年八月爲應付八七水災而發布緊急處分八項，及於六十七年底爲中美斷交之非常情況，而發布緊急處分三項。貫徹統帥權之行使，除設置國家安全會議外，僅曾於五十六年七月依調整機構之權力，於行政院設置人事行政局，同年八月依決定有關大政方針之權力，頒令延長國民教育年限爲九年，仍飭由行政院擬訂實施條例，提經立法院完成立法程序。可見總統雖有緊急授權，對五院職權，仍至尊重，而凡所行使，無不在適應動員戡亂之需要，增進五權協調統合的功能。

自然，卅餘年來，由於國家遭遇非常事變，現行憲法有關總統與五權的規定，施行中也曾遭遇若干困難，尤其五院間的協調，便曾發生若干問題。但由於歷任總統的英明領導，都能循憲政常軌與合法途徑，妥謀解決，如：

一、關於院與院間的爭執，卅餘年來雖曾有若干問題有不同意見，其屬純法律性之爭論者，如監察院對立法院的提案權等，均循法律途徑，提請大法官會議解釋，予以解決；其屬政治性之爭議者，如行政院長列席監察院等問題，則運用政黨政治，妥謀解決。總統雖有召集有關院長會商解決之權，而不輕於行使，惟由總統府秘書長與五院秘書長經常舉行會商，以謀有關事務之協調，故院與院間迄無重大爭執，實由於總統之領導得宜。惟據實際經驗，由於立監兩院之組織，院長不能代表各該院決定其職權之行使，故憲法第四十四條召集有關院長會商之規定，事實上對院際爭執未必均能提出解決辦法，應如何加強，尚有待修憲時詳加研討。

二、關於總統與五院之關係，行憲以來均能恪遵憲法之規定，順利運行，關於行政院長之副署，雖曾有總統可否不經副署而免除行政院各部會首長職務之討論，然事實上由於總統與行政院長之融洽無間，從未發生窒礙。總統向立法院提名行政院長及審計長，除曾有一次未獲同意外，均順利通過，監察院對總統提名之司法，考試兩院人員，亦均多表同意。至行政院對立法院決議，雖曾移請復議，然次數極少，且均獲總統核可及立法院接受。由此，足徵在總統領導下，五院尚能衷誠合作，發揮五權效能。至爲期發揮調協統合功能，應如何積極予以規定？則可從詳研究。

先總統　蔣公在國民大會第四次會議通過修正臨時條款，增訂第四、五兩項授權後，曾明白宣示：「中正對『統率權』的態度，是『有所爲』而亦『有所不爲』，這就是說：凡有助於動員戡亂的行動，就是有助於憲政法治的維護，凡能啓發新機活力，有裨於反攻復國革命戰爭者，則當毅然爲之。凡有碍於人民生計、社會生存及其有關基本民權自由者，則斷然不爲」。其實，先總統　蔣公不僅本此態度行使統帥權，就是對憲法規定的總統職權的行使，也無不本此態度，其爲國忠誠，可昭日月。故總統與五權之關係，一直運行無碍，五權在總統領導下，亦能合作無間。最近五年來，嚴蔣兩先生先後繼任總統，均一本 蔣公遺訓，弘揚憲政精神，故能使政治體制益臻穩固。今後相信必益能弘揚調節五權、聯絡五院的效能，建立廉能政府，達成反共復國的使命。

七、五院的性質、組織與職權

五權分立雖然不是五權憲法的唯一特點，却是五權憲法很重要的特性；而五權分立就是要在中央政府，設立行政、立法、司法、考試、監察五院，分別行使這五項治權。

五院都是治權機關，而且都是最高的治權機關，分別獨立行使行政、立法、司法、考試、監察五項治權，這是沒有疑問的。但五權分立應如何建制？五院的組織和職權應如何規定？五院相互間的關係怎樣？便有不同的意見，很值得我們研討。本文擬先就五院的性質、地位和組織、職權，試加探討，至五院間的相互關係，則牽涉頗廣，容於下文研討。

在 國父遺敎中，雖然早在民國前六年， 國父便提出五權分立的主張。他說：「兄弟的意思，將來中華民國的憲法是要創一種新主義，叫做『五權分立』」（見民報週年紀念會講詞），但他只說明除三權外，要將考選權和糾察權也分開來獨立行使的道理，而沒有就五權分立的建制，作具體的說明。

民國三年，國父在東京組織中華革命黨，深感於討袁的失敗，是由於未能實行革命方略，在誓約中，立誓要「再舉革命，務達民權民生兩主義，並創制五權憲法」；同時，在黨內先試行五權制度：總理之下，設本部分爲總務、黨務、財政、軍事、政治五部，負執行之責，另設協贊會，分爲立法、司法、監督、考試四院，與本部並立爲五，使人人得以資其經驗，備爲五權憲法之張本。協贊會會長、副會長，由總理委任，各院院長由黨員選舉，但對於會長負其責任。並附有說明：「所以由總理委任會長副會長者，爲統一黨務起見，若成立政府時，當取消正副會長，則四院各成爲獨立機關，與行政院並行，成爲五權分立，是之謂五權憲法也」（見中華革命黨總章）。這雖是黨內試行五權的制度，但當時黨章有關本部和四院組織和職權的規定，已顯示國父對五權分立的初步構想。

國父首次正式提出五院制，是在孫文學說第六章說明其革命方略時說：「俟全國平定之後六年，各縣之已達完全自治者，皆得選舉代表一人，組織國民大會，以制定五權憲法。以五院制爲中央政府：一曰行政院，二曰立法院，三曰司法院，四曰考試院，五曰監察院。憲法制定之後，由各縣人民投票選舉總統，以組織行政院；選舉代議士以組織立法院；其餘三院之院長，由總統得立法院之同意而委任之，但不對總統立法院負責，而五院皆對於國民大會負責。各院人員失職，由監察院向國民大會彈劾之；而監察院人員失職，則國民大會自行彈劾而罷黜之。國民大會之職權，專司憲法之修改，及制裁公僕之失職。國民大會及五院職員，與夫全國大小官吏，其資格皆由考試院定之，此五權憲法也」。其後在中華革命史中，也有同樣的說明。

民國十年，　國父在廣州演講五權憲法時，說：「政治上的憲法，就是支配人事的大機器，也是調和自由和專制的大機器」，「這個五權憲法就是我們近世的汽車、飛機和潛水艇。把全國憲法分作立法、司法、行政、彈劾、考試五個權，每個權都是獨立的。……在行政人員一方面，另外立一個執行政務的大總統，立法機關就是國會，司法人員就是裁判官，和彈劾與考試兩個機關，同是一樣獨立的。」又說：「五權憲法的立法人員就是國會議員，行政首領就是大總統，司法人員就是裁判官，其餘行使彈劾權的有監察官，行使考試權的有考試官」。對五院制的組織，說明更爲具體。

民國十三年，　國父講述三民主義，在民權主義第五、六兩講，更提出權能區分的學說，進一步說明五權分立的五項治權的性質和作用，同時，又手訂建國大綱，具體規定建國的程序和方案，完成了他的五權憲法的理論和構思。在建國大綱中，對五院制的規定如左：

十九、在憲政開始時期，中央政府當完成設立五院，以試行五權之治，其序列如下：曰行政院，曰立法院，曰司法院，曰考試院，曰監察院。

二十、行政院暫設如下各部：一、內政部，二、外交部，三、軍政部，四、財政部，五、農礦部，六、工商部，七、教育部，八、交通部。

廿一、憲法未頒布以前，各院長皆歸總統任免而督率之。

廿四、憲法頒布之後，中央統治權皆歸國民大會行使之，卽國民大會對於中央政府官員有選舉權，有罷免權，對於中央法律有創制權，有複決權。

廿五、憲法頒布之日，卽爲憲政告成之時，而全國國民則依憲法行全國大選舉，國民政府則於選舉完畢之後三個月解職，而授政於民選之政府，是爲建國之大功告成。

上述 國父有關五院制的遺教，雖前後不無稍有出入，連五院的名稱、序列也稍有不同，但基本思想却是一貫的。關於五院的性質、組織和職權，可歸納如左：

一、五院都是治權機關，分別獨立行使五項治權，在全國人民四項政權的管理下，分頭爲人民服務，造成萬能政府，替人民謀福利。

二、五院的組織，除立法院卽國會，由議員組成外，司法、考試、監察三院則分別由裁判官、考試官、監察官組成。三院院長 國父初主張由總統得立法院同意後委任，繼規定在行憲前由總統任免督率，行憲後則無具體說明。至於行政院， 國父初主張總統卽爲行政首長，嗣規定另設行政院長，其與總統之關係則未具體說明，但行政院的組織則一貫的認爲應設各部會分掌政務，且曾列擧各部名稱。

三、五院的職權，因爲 國父一再說明五權分立是採用歐美的三權分立，加入我國固有的考試權和監察權而形成的，所以對行政、立法、司法三院職權，沒有多大說明，而着重說明考試和監察兩權獨立的必要及其作用。考試權源自我國固有的考試制度，　國父強調全國公職人員，無論選舉或委任，都須先經考試，銓定其資格。除考試外，中華革命黨總章所定考試院職務，一是「考驗黨員才能，而定其任事資格」，一是「調查職員事功，而定其勛績」，似尚負考績褒獎之責。監察權則源自我國固有的御史臺諫制度，以糾舉違法失職爲其職責，　國父主張對全國大小官吏均可予以彈劾，而監察院人員失職，則由國民大會彈劾。中華革命黨總章所定監督院職務，除監察黨務進行、責備黨員服務、察觀黨員行爲外，還有「稽查黨中賬目」一項，除彈劾外，似尚負審計之責。這都是值得注意的。

　國父逝世後，先總統　蔣公繼承遺志，於民國十七年完成北伐，統一全國。政府便於是年十月，制定訓政綱領和國民政府組織法，實施訓政，並試行五權制度。從此，我國中央政府即採行五院制，故在民國卅六年十二月廿五日開始行憲、卅七年五月依憲法產生的憲政政府成立以前，我國中央政府實行五院制，已有廿五年的歷史。

訓政時期的五院性質地位和組織職權，自與憲政體制有別，但訓政時期採行五院制的目的即在建立憲政基礎，而憲法的制度也須參酌訓政時期五權分立的實際經驗，所以，檢討訓政時期的五院制的演進，也足供我們研究行憲後的五院制的參考。

訓政期間我國的中央政府，一直稱爲國民政府，採委員制，總攬治權，而以主席爲國家元首，由五院分掌五項治權，五院院長並爲國民政府當然委員。至政權則由中國國民黨全國代表大會代表國民大會行使，全國代表大會閉會時，則由中央執行委員會執行。因此，五院的性質一直是治權機關，這是很明顯也是沒有變動的，其地位則雖歷來均規定分別爲國民政府最高行政、立法、審判、考試、監察機關，但由於國民政府組織的變更，其總攬治權的權責時有變遷，五院的地位也就有所演進。

五院成立的初期，五院院長副院長係由中央政治會議推選，對中央政治會議負責，頗能獨立行使職權。民國廿年五月國民會議制定中華民國訓政時期約法後，國民政府組織法亦隨之修正，五院院長副院長及各部會首長均由國民政府主席提請國民政府任免，加強了國民政府總攬治權的權責。民國廿年十二月，由於政治情勢演變，修正國民政府組織法，明定國民政府主席不負實際責任，並推林森先生爲國民政府主席，五院院長副院長改由中央執行委員會選任，並對該會負責，遂又加強五院的獨立地位。民國卅二年八月，林主席逝世，且值抗戰時期，又修改國府組織法，五院院長由國府主席提請中央執行委員會選任，國府主席對中央執行委員會負責，而五院院長則對國府主席負責。至卅六年四月，爲籌備憲政，國民政府組織法又告修改，刪去國府主席對中執會負責和五院院長對國府主席負責的規定，以國府委員會爲最高國務機關，而加強五院獨立行使職權的權責。但未幾即由訓政進入憲政，還政於民選的憲政政府。這是訓政期間五院地位的演變，至其組織與職權，則變動不大，茲分述如次：

一、行政院一直都設各部會，分掌各項行政，而由院長、副院長和各部會首長組織行政院會議，決定各部會有關事項、重要人事任免和提出立法院的法律、預算、大赦、宣戰、媾和等案，各部會的設置雖迭有增減，行政院職權亦隨事實需要而有所擴張，但行政院的組織則無多大變更。

二、立法院一直採委員制，立法委員人數爲四十九人至九十九人，由院長提請國民政府任命，民廿年十二月曾一度規定半數由法定人民團體選舉，但未實施。立法委員雖以二年爲任期，事實上則多連任。其常設之委員會歷年極少變動，特種委員會則時有變更。職權則規定有議決法律案、預算案、大赦案、宣戰案、媾和案、條約案及其他國際事項之權，關於其議決之執行，並得向各院部會提出質詢，頗類於各國國會。惟以訓政時期，中央政治會議及民廿八年後之國防最高委員會有決定立法原則之權，立法院對所決定之立法原則，不得變更。

三、司法院設最高法院、行政法院爲民刑及行政訴訟之終審法院，並由院長召集最高法院院長庭長會議，統一解釋法令及變更判例，另設公務員懲戒委員會掌理公務員懲戒，此等組織與職權，均無甚變動。惟是否主管司法行政，則迭有變更，五院成立初期，司法行政部隸屬於司法院，民廿一年改隸行政院，廿三年十月回隸司法院，卅二年一月又改隸行政院，可說是變革最多。

四、考試院一直設考選委員會和銓敍部，分掌考試和銓敍事宜，其組織與職權變動最少，僅其人事管理之職權，隨人事制度之推展與人事管理機構統一管理制度之建立，而日趨擴展。

五、監察院也一直採委員制，監察委員初爲十九人至廿九人，嗣一再增至五十四人至七十四人，均由監察院長提請國民政府任命，並將全國劃分爲若干監察區，派監察使赴各區巡廻監察，由監察委員及監察使行使彈劾權，而另設審計部行使審計權。自民廿六年十二月制訂非常時期監察權行使暫行辦法，監察委員及監察使對公務員違法失職，認爲應速去職或爲其他急速處分者，得提出糾舉，對各機關或公務員應辦事項奉行不力或失當者，得提出建議或意見，均送各該主管長官依法處理。其監察權之行使，除彈劾權外，並有糾舉權及建議權，顯較廣泛。

上述訓政時期五院之性質地位與組織職權，雖由於訓政時期之需要，與五權憲法之理論不無出入，但大致已採用五權分立的原則，建立五權制度的初基。而自訓政開始，政府卽一面推行地方自治，一面籌備擬訂憲法草案，以備實施憲政。自民廿二年立法院成立憲法草案起草委員會以至民國卅五年國民大會制定中華民國憲法，十餘年間，迭次憲法草案關於五權分立之規定，大體上雖均係以訓政時期之五院制爲基礎，惟關於五院之產生，則頗多變更。最初，立法院通過之憲草起草原則，對五院規定如次：

16總統爲國家元首，不直接負行政責任。

17行政院院長由總統提名，經立法院之同意任免。

18考試司法兩院院長、立法委員、監察委員由國民大會選擧。立法院院長、監察院院長由各該院委員互選。

19司法行政隸屬於司法院。

20總統任期六年，不得連任，考試司法兩院院長、立法委員、監察委員任期均爲三年。

民國廿五年之五五憲章，則對上述原則，有所修正，其重要者如次：

1.總統對國民大會負其責任。

2.行政、司法、考試三院院長均由總統任命，司法考試兩院院長任期均爲三年，而對國民大會負其責任。

3.立法委員、監察委員均由各省、蒙藏及僑民選出之國民代表預選，提由國民大會選舉之，亦選舉其院長副院長。

抗戰勝利後之政治協商會議憲草修改原則，對五院之規定如次：

一、立法院爲國家最高立法機關，由選民直接選舉，職權等於各民主國家之議會。

二、監察院爲國家最高監察機關，由各省級議會及各民族自治區議會選舉之，其職權爲行使同意、彈劾及監察權。

三、司法院即爲國家最高法院，不兼管司法行政，由大法官若干人組織之，大法官由總統提名經監察院同意任命之。各級法官須超出黨派以外。

四、考試院用委員制，其委員由總統提名，經監察院之同意任命之，其職權着重於公務人員及專業人員之考試，考試委員須超出黨派以外。

五、行政院爲國家最高行政機關。行政院院長由總統提名，經立法院同意任命之。行政院對立法院負責，如立法院對行政院全體不信任時，行政院院長或辭職，或提請總統解散立法院，但同一行政院長不得再提請解散立法院。

到了民國卅五年十二月，國民大會正式通過制定的中華民國憲法，雖係以依政協原則修正之憲法草案爲基礎，惟頗多修正，可說是上述各次草案之綜合，其關於五院性質地位與組織職權之規定，要點如次：

一、五院分別爲國家最高行政、立法、司法、考試、監察機關，立法院並有「代表人民行使立法權」之規定。

二、行政院設院長、副院長各一人，各部會首長若干人及不管部會政務委員若干人，組織行政院會議，議決應提出立法院之議案及各部會共同關係事項。院長由總統提名，經立法院同意任命，副院長、各部會首長及不管部會之政務委員由院長提請總統任免。行政院依憲法之規定對立法院負責，立法院得以決議移請行政院變更重要政策，行政院對立法院決議之法案及上述決議，亦得經總統核可，移請覆議，但無不信任權及提請解散權。

三、立法院以人民分由各省市、蒙藏、邊疆民族、僑民及職業團體選出之立法委員組成，有議決法律案、預算案、戒嚴案、大赦案、宣戰案、媾和案、條約案及國家其他重要事項之權。立法委員任期爲三年，院長副院長則由委員互選之。

四、司法院掌理民事、刑事、行政訴訟之審判及公務員之懲戒，設院長副院長各一人，另設大法官若干人，掌理解釋憲法及統一解釋法律及命令。院長副院長及大法官均由總統提名，經監察院同意任命之。

五、考試院掌理考試、任用、銓敍、考績、級俸、陞遷、保障、褒獎、撫卹、退休、養老等事項，設院長、副院長各一人，考試委員若干人，由總統提名，經監察院同意任命之。

六、監察院由各省市、蒙藏議會及華僑團體選出之監察委員組成，行使同意、彈劾、糾擧及審計權，監察委員任期六年，院長副院長由委員互選，審計長則由總統提名，經立法院同意任免之。

上述規定，是否符合五權憲法思想？學者之間，有很多不同的意見和批判，兹就其中較重要者試加探討如次：

一、關於五院的性質，很多人認爲上述規定使五院性質不明，政權機關與治權機關混淆不清，違反權能區分的基本原理。理由是立監兩院的組織和職權，都相當於民主國家的國會，有認其爲政權機關者，有認其爲治權機關而兼有政權機關之性質者。但依權能區分的理論，政權與治權的區別爲：前者是人民管理政府的力量，後者是政府爲人民服務的力量，且政權內容爲選擧權、罷免權、創制權和複決權，治權內容爲行政權、立法權、司法權、考試權和監察權，兩者區別至爲明顯。認上述憲法規定的立監兩院屬或兼屬政權機關者，不外：㈠立監委員由人民選擧產生，係屬民意代表，而非政府人員。㈡立監兩院職權有類於外國國會，尤其有同意權和立法院的質詢權、預算權和移請變更重要政策等，都旨在監督政府，係屬政權性質。所述自非無理，但以國會代表人民行使立法權和監察權來監督政府，這是三權憲法的觀點，五權憲法則由人民行使四權來管理政府，立法權和監察權則屬治權，所以 國父遺敎一直認爲立法院卽國會，監察權雖源自我國固有臺諫制度，而外國亦有部份由國會行使。我國自試行五院制以來，立法院也一直有議決法律、預算、大赦、宣戰、媾和、條約等案和質詢之權，歷次憲法草案對立監兩院職權之規定，亦大都相同，現行憲法所增者僅同意權之規定，同意權之行使自足加強五院間之制衡作用，有無必要及是否妥適？自可從詳研究，惟同意權性質上並非政權，則至明顯，自不能因此卽認爲其有政權機關之性質。至立監委員之由人民選舉罷免，正符合人民行使選舉權罷免權以管理治權之原則，蓋政權原爲直接民權，僅人民不能或不便直接行使時，始由政權機關代表行使，自無由國民大會選出者始爲治權機關，如由人民直接或間接選出卽非治權機關之理。至謂由人民選舉組成者，卽爲民意代表機關，而與政府機關有別，亦屬三權憲法之論點，蓋依五權憲法，應由人民選舉人員組織政府，故總統亦係由人民間接選舉，自不能認人民選出者均屬民意代表，而非政府人員。惟現行憲法立法院「代表人民行使立法權」之規定，則顯受三權憲法思想之影響，自與權能區分之理論，不盡符合。

二、關於五院的地位，上述憲法規定五院分別爲國家最高行政、立法、司法、考試、監察機關，除立法、考試、監察三院均無問題，司法院旣爲最高司法機關而非最高審判機關，便發生司法行政的隸屬問題，關於這一點容俟後述外，引起爭論最多的，是行政院是否應爲最高行政機關的問題，就是五權憲法的總統除爲國家元首外，是否兼爲行政首長的問題，也就是總統制抑內閣制的問題。自然，五權憲法的總統不應是總統制或內閣制的總統，他除爲國家元首外，並爲五院調節與聯絡的樞紐，尤其行政院是治權的中心，總統自宜依法以提名權、覆議核可權等，予以適切的調節，以造成萬能政府。惟此並無碍於行政院爲國家最高行政機關之地位，蓋最高治權機關僅屬行使該項治權之最高機關之意；而各項治權之上自仍有調節與聯絡之樞紐，相互間亦有其平衡而統一、分立而相成之關係，始足以發揮其互相濟助之功能。

三、關於五院的組織，引起批評者有二，也就是憲法所定五院組織和訓政時期的五院組織不同的地方：一是五院院長副院長的產生，行政院院長應由總統提名，這是沒有問題的，但應否經立法院同意，則有不同的意見，這是五院相互關係的問題，容於下文硏述。立監兩院既由民選，院長副院長自應由委員互選，亦無疑義。司法考試兩院院長副院長便有人認爲應由國民大會選舉，自非無理，但司法考試兩院都須由超然公正且具有專門學驗者主持，由總統提名並經監察院同意任命，似更足使其能獨立行使職權，並加強五院間之協調配合，亦無背於五權分立之精神。二是司法院大法官和考試院考試委員的設置。訓政以來的五院組織，行政院均採首長制，並設行政院會議和各部會，立監兩院採委員制，司法考試兩院則採首長制，從無變更，現司法院增設大法官、考試院增設考試委員，兩者雖均由總統提名經監察院同意任命，惟其性質各異，大法官以解釋憲法並統一解釋法律及命令為其專責，故雖形式上為司法院之組織，實質上則為獨立之釋憲機關；考試委員會則為考試院之合議機關，由院長副院長及考試委員共同組織考試院會議，決定國家有關考試之方針。凡此規定，是否妥適？雖仁智之見各異，惟尚無背於司法考試兩權獨立行使之性質。

四、關於五院的職權，除對立監兩院職權之批評，已如上述外，批評較多者：一是行政院長之副署權，此固源自內閣制，元首發號施令，須經內閣總理及有關部長副署，而由副署者負其責任，惟副署之意義非必在表明責任，亦可使副署者與聞其事，以加強聯繫，揆諸五權憲法之精神，似尙無不當。二為司法院除掌理最高法院、行政法院及公務員懲戒委員會之行政監督外，應否掌理全部司法行政？亦卽司法行政部之隸屬問題，此點憲法並無明定，訓政時期迭有更易，學者則意見不一，各有其論據。惟無論司法院應否掌理全部司法行政，司法院旣掌理民事刑事之審判，最高法院亦隸屬司法院，由司法院監督，則高等法院以下各級法院亦應隸屬於司法院，由司法院監督，以免割裂，殆無疑義，並經大法官會議於民國四十九年八月以釋字第八十六號解釋釋明，亟待早日實施。三為考試院的考試權是否限於公務人員任用資格和專門職業及技術人員執業資格？公職候選人資格是否亦應經考試？按　國父主張考試權獨立，旨在以考試矯正政黨政治分贓制度及濟選舉之窮，建國大綱並明定「凡候選及任命官員，無論中央與地方，皆須經中央考試銓定資格者乃可」，現行憲法第八十六條未列入公職候選人資格，顯有背於　國父遺教，雖有認爲憲法第八十六條僅屬注意規定，並未排斥舉行其他考試者，然如此解釋究屬牽強，惟期他日修憲予以補救。此外，考試院除考試外，並掌理任用、銓敍、考績、級俸、陞遷、保障、褒獎、撫恤、退休、養老等事項，均屬人事行政，由考試院掌理以與考試相配合，藉收爲政得人之效，自非無見，惟人事行政亦屬行政事務，人員之任用考核，亦宜予主管長官以相當權責，故人事行政權應如何劃分與配合，似待研酌。四爲監察院之職權，除同意權已如上述外，其糾彈權應否兼有懲戒權？論者意見不一，歷次憲法草案規定亦互異，惟訓政以來，除政務官外，均由司法院所屬公務員懲戒委員會行使懲戒權，使糾彈與懲戒分由獨立之機關行使，似無不當，至糾彈權依憲法規定除提出彈劾案、糾舉案外，並得提出糾正案，促請主管機關改善其設施，不以對人之監察爲限，是否妥適？及其與彈劾、糾舉三者如何劃分？則似堪研究。

由上所述，現行憲法有關五院的規定，雖與五權憲法理論不無出入，不能說是完全合乎理想的五權分立制，但在基本上是符合五權憲法思想和五權分立原理的，只是爲了適應制憲時的政治情勢，有若干規定未盡如理想耳。至五院的組織，雖與　國父遺敎頗有出入，然　國父遺敎中所提示者，僅爲原理原則，以使五院分別獨立行使職權，其具體組織，自須按實際需要與訓政經驗，加以具體規定。

中華民國憲法頒行後，政府當卽依憲政實施準備程序，完成各項選擧，行憲後第一屆國民大會於卅七年三月集會，選出第一任總統副總統於五月廿日就職，第一屆立法院、監察院分別於五月八日、六月五日舉行首次院會，行政、司法、監察三院亦相繼改組完成，建立了五院制的憲政政府，迄今已三十餘年。卅餘年來五院都能分別依法行使職權，發揮治權的功能，奠立五權政制的基礎。但由於行憲之始，卽值共匪叛亂，爲期動員戡亂與實施憲政同時並進，國民大會依修憲程序制定了動員戡亂時期臨時條款，授與政府緊急應變之權力，嗣大陸淪陷，政府遷臺，政治情勢更有重大變化，而憲法有關五院之規定，施行中亦曾遭遇若干困難，發生若干問題，須循憲政常軌與合法途徑，妥謀解決。故三十餘年來，憲法有關五院之規定，雖未經修改，然其實施則曾有所演進，玆擇要分述如次：

一、五院的性質，歷年自無變更，惟民國四十六年五月，由於我國應以何機關爲國會之代表機關與各國國會聯合會聯繫，發生歧見，經大法官會議以釋字第七十六號解釋：「就憲法上之地位及其職權之性質而言：應認國民大會、立法院、監察院，共同相當於民主國家之國會」。此一解釋，各方意見頗多，惟無論其是否妥適，主旨僅在說明基於國際關係需用國會名義時，應由國民大會與立監兩院共居其名，並不涉及三機關之性質與職權。有據此謂三機關既共同相當於國會，卽均屬民意代表機關，應屬政權機關者，不知政權與治權之區分，爲 國父所獨創，民意機關則爲三權分立的說法，以三權分立解釋我國憲法，自難謂爲正確。

二、五院的組織，立監兩院原應按期改選，惟以國家發生重大變故，事實上不能辦理選舉，經大法官會議民國四十三年一月以釋字第卅一號解釋：「在第二屆委員未能依法選出集會與召集以前，自應仍由第一屆立法委員監察委員繼續行使其職權」，故迄今仍由第一屆立監委員行使職權。惟嗣以長期不能改選，有礙兩院之新機活力，經國民大會先後修訂臨時條款，授權總統於自由地區辦理增選補選及增額選舉，故目前立監兩院委員，有於卅六年第一屆選舉選出者，有於五十八年依人口增加增選選出者，有自六十一年起依增加名額選舉選出者，前兩者均須俟大陸光復次第改選，後者則立委每三年改選，監委每六年改選。至行政院院長則歷年均由總統提名經立法院同意任命，除曾有一次未獲同意外，均得立法院之支持。各部會之組織初期頗有變動，自遷臺後，即設內政、外交、國防、財政、教育、司法行政、經濟、交通八部及蒙藏、僑務兩委員會，迄無變更，僅其他附屬之局署會間有更迭。司法、考試兩院院長副院長及大法官、考試委員歷年均依法由總統提經監察院同意任命，惟司法院院長副院長並無任期，大法官之任期爲九年，考試院院長副院長及考試委員之任期均爲六年，各不相同。司法院設最高法院、行政法院及公務員懲戒委員會，考試院設考選部及銓敍部，則迄無變更。

三、五院的職權，歷年尚無重大變更，惟由於國民大會先後制定及修訂臨時條款，授與總統必要之權力以緊急應變及貫徹統帥權，五院職權之行使，如立法院議決戒嚴案及追認緊急命令之職權，自受相當之限制。而總統依據其調整行政及人事機構之權力，於行政院設置人事行政局後，考試院對行政機構人事行政之職權，亦有若干變動。又由於臨時條款解除憲法第廿七條第二項對國民大會行使創制複決兩權之限制，立法權自亦受創制複決兩權之拘束，惟國民大會對此兩項政權，迄尚未行使。此外，除行政院原掌理庶政，其職權自隨時代需要而日益擴張外，其餘四院職權無大變動，司法院職權雖經大法官會議解釋，高等法院以下各級法院均應隸屬司法院，惟尚未實施，而自四十七年大法官會議法制定後，其對憲法之解釋，卽限以憲法條文有規定者爲限，並須有大法官總額四分之三之出席暨出席人四分三之同意，始得通過，限制頗嚴。考試院舉辦之考試，原限於公務人員任用資格與專門職業及技術人員執業資格，嗣以臺灣地方公職人員選舉，有候選人資格檢覈之規定，乃由考試院訂頒臺灣省及臺北市公職候選人資格檢覈規則，辦理檢覈，固與公職候選人資格考試有別，惟亦堪注意。監察院職權之行使，曾發生問題最多，如對立法院之提案權、調查權之範圍、彈劾權之對象、糾正權之分際等，均曾發生爭議，並循合法途徑解決，然均與五院間相互關係有關，容當另加探討。

檢討行憲以來的五院政制，由於行憲前試行已奠立初基，行憲初期雖由於建制伊始，且時局動盪，頗多變動，惟自政府遷臺以來，卽漸建立穩固基礎，積極發揮功能，並能適應事實需要，作適當之調整。現行憲法關於五院之規定，雖未盡符五權憲法之理想，惟係基於五權憲法理論，建立五權分立政制，三十多年來之實施經驗，已爲五權政制奠立良好基礎，亦足印證五權憲法思想之偉大精深，倘能益加改進，當可建立理想之五權政制。惟五權功能之發揮，固須五院分別發揮其治權之功能，更重要的還是五權相互間能協調配合，發揮統合力量，才能建立萬能政府，爲人民謀福利，關於此點，要討論的問題較多，容當另文探討，本文只好從略了。

八、五權相互間的關係

五權憲法的五權分立，自然是要行政、立法、司法、考試、監察五權分別和獨立行使，也就是說五權應該劃分清楚，各自獨立，但並不是說五權應該各不相干，相互間不發生關係。剛剛相反，五權雖各自獨立，相互間的關係却非常密切，互相關聯。

因五權固各有其不同的作用和任務，但也有其共同的作用和任務，就是要造成萬能政府，達成國家目標。在這一共同的目標下，五權是統一的和相成的。因此，五權相互關係的基本原則，便是分工合作。從分工來說：五權是各有權限，各自獨立的，而且彼此間地位相等，互相平衡，五權各有專管，互不統屬，而且範圍雖或有大小之分，地位却無高低之別。從合作來說：五權在替人民做工，為人民服務這一點是統一的，五權都該發揮力量去為人民謀福利，達成國家目標，而相互間則相需相成，互相合作，發揮統合力量。

國父對五權相互關係，雖沒有詳細說明，但就五權的分工，他曾說：「我們在政權一方面，主張四權，在治權一方面，主張五權，這四權和五權，各有各的統屬，各有各的作用，要分別清楚，不可紊亂。……政府替人民做事要有五個權，就是要有五種工作，要分成五個門徑去做工。……政府有了這樣的能力，有了這些做工的門徑，才可以發出無限的威力，才是萬能政府」（見民權主義第六講）。而對五權的合作，則曾說：「五權分立之中，仍相聯屬，不致孤立，無傷於統一」（見中國建設之基礎），並曾以蜜蜂的分工合作來說明五權相互關係：「蜜蜂……住在一窩之中，都是分職任事，有做窩的，有覓食的，有採花的，有看門的，有釀蜜的，並有做首領的叫做蜂王。好像國家一樣，有行政、立法、司法種種人員，毫不紊亂，做起事來，既不侵越權限，又能互相幫助」（見國民黨奮鬬之法宜兼注重宣傳）。這正是五權分工合作關係的最好說明。

因此，五權相互間基於分工合作關係，是分立而相成、平衡而統一的，就個別來說：五權各有權限，各自獨立，而彼此間則相需相成，互相合作。就整體來說：五權地位相等，互相平衡，而其為民服務則目標相同，力量統一。那麼，五權相互間有沒有制衡作用呢？我國憲法學者便有不同的意見：

有人認為五權分立源自三權分立，而三權分立則源自希臘羅馬以來的分權學說，都是認為為防止權力的濫用，必須以權力限制權力，所以要將權力劃分，各自獨立，彼此互相牽制，保持均衡，以防止專制和腐化。因此無論三權分立或五權分立，權力與權力之間，自有其制衡作用。

有人認為五權分立與三權分立不同，三權分立在基於制衡原理，使權與權之間，互相牽制均衡，使政府無能。五權分立則以造成萬能政府為目的，權與權之間應分工合作，發揮力量，而無相互牽制均衡的作用。

這兩種說法都各有道理，但也都嫌各有所偏。自然，五權分立和三權分立的區別絕不僅在「五」與「三」的數目不同，五權分立是要五權分工合作，造成萬能政府，為人民謀福利，但分工合作固然要積極的發揮協合的力量，而分工也有消極的防止專橫的作用。正如上所說，五權相互間是分立而相成，平衡而統一的：相成的作用固在積極的發揮政府的功能，分立的作用則在消極的防止權力的濫用。具體來說：例如考試選賢與能，監察澄清吏治，立法制定良法，司法保障人權，都足以協助行政增進效率，推行政令，積極發揮合作功能。又例如考試與行政分立以防止徇情用私，監察與行政分立以防止官吏貪瀆，立法與行政分立以防止自立自行，司法與行政分立以防止侵害人權，便旨在消極的防止行政專橫，也就有互相牽制的作用。又統一的作用在使五權互相配合，集中力量，以為民服務，平衡的作用則在使五權不相統屬，無分高低，以保持均衡。因此，五權分立不能說完全沒有制衡作用，但這只是分工的消極作用，五權分立重要的是發揮積極的合作功能。正如三權分立也並不是完全各自獨立，互不相干的，尤其近世各民主國家雖採三權分立也都力求調協合作，發揮政府功能，但其基本建制則重在消極的使三權互相牽制以達成均衡，這是五權分立和三權分立的基本區別。

國父在有關五權憲法的遺教中，雖未提過制衡的原理，但他在「中華民國建設之基礎」曾說：「三權分立為立憲政體之精義，蓋機關分立，相待而行，不致流於專制」，又曾說：「國會有了彈劾權，那些狡猾的議員，往往利用這個權來壓制政府，弄得政府一舉一動，都不自由」（見五權憲法），「考選權如果屬於行政部，那權限未免太廣，流弊反多，所以必須成了獨立機關，才得妥當」（見三民主義與中國民族之前途）。可見 國父並不是沒有注意權力分立的消極制衡作用，只是更注重其積極的合作功能，而不強調消極的制衡作用而已。

五權分立和三權分立的區別，除了前者重在合作相濟，後者重在分工制衡外，五權相互關係還有一個特點：就是五權雖各自獨立，不相統屬，但却一方面同受人民政權的管理， 國父便曾用圖來說明四種政權和五種治權的關係，並且說：「有了這九個權，彼此保持平衡，民權問題才算是真解決，政治才算是有軌道」（見民權主義第六講）。一方面同在總統的聯繫協調下，發揮合作功能，也就是以總統為五權聯絡的樞紐，加強其協調配合的作用，這都是和三權分立不同的。

此外，三權分立相互間的關係僅有行政與立法、行政與司法、立法與司法三種，五種分立的相互關係除上述三種外，却多了行政與考試、行政與監察、立法與考試、立法與監察、司法與考試、司法與監察、考試與監察七種關係，我曾為圖加以說明。（見「五權憲法理論的研究」）可見五權分立雖只比三權分立多了兩權，相互關係却多了七種，比三權相互關係更為周密和完備，

因此，五權相互關係共有十種之多，每一權都有和其他四權分立而相成、平衡而統一的關

係，換句話說：每一權都在消極上受到其他四權的限制，但也在積極上得到其他四權的濟助。如果這十種關係都能發揮分立而相成，平衡而統一的作用，便可以建立理想的五權政制。

以上已就五權相互關係的基本原則和理論，試加研析。玆更分就五權相互間的十種關係，探討其原理，並就現行憲法的規定與其運作，略論其得失：

一、行政與立法

行政與立法的關係在五權相互關係中，最爲複雜，也最爲重要。英國憲法學者席德維克（Sidgwick）便說：政府與國會權限的劃分，是最困難的問題，而分權學說的由來主要也就是使立法與行政分立，防止政府流於專橫。

三權分立的行政與立法關係，雖有總統制與內閣制之別，各國規定也多不相同，但其基本理論都認爲立法應代表人民制定法律，行政則應行於法律之下，以達成國家目標。行政作爲不得違反或牴觸法律，預算、戒嚴、宣戰、媾和、條約等也應經立法機關通過，以防止政府專制，保障人民自由。各國制度雖有不同，都以防止行政權的濫用和專橫爲重點。五權分立則認行政與立法均屬治權，惟法律爲行政的規範，應由獨立的立法機關立法，而由行政機關執行，消極的可防止行政機關獨斷專行的毛病，積極的則可互相配合，訂立良法，妥善執行，故兩者應協調配合，達成國家目標。

現行憲法對行政與立法關係的規定，似偏重於兩者的制衡關係，其要點如次：

一、行政院院長由總統提名，經立法院同意任命（第五五條）。

二、行政院依下列規定對立法院負責：㈠行政院有向立法院提出施政方針及施政報告之責，立法委員在開會時有向行政院長及行政院各部會首長質詢之權。㈡立法院對行政院之重要政策不贊同時，得以決議移請行政院變更之。行政院對立法院之決議，得經總統之核可，移請立法院覆議。覆議時如經出席立法委員三分之二維持原決議，行政院院長應即接受該決議或辭職。㈢行政院對於立法院決議之法律案、預算案、條約案，如認爲室碍難行時，得經總統之核可，於該決議案送達行政院十日內，移請立法院覆議，覆議時如經出席立法委員三分之二維持原案，行政院院長應即接受該決議或辭職（第五七條）。

三、行政院院長、各部會首長須將應行提出於立法院之法律案、預算案、戒嚴案、大赦案、宣戰案、媾和案、條約案及其他重要事項，提出於行政院會議議決之（第五八條二項）。

四、行政院於會計年度開始三個月前，應將下年度預算案提出於立法院。立法院對行政院所提預算案，不得爲增加支出之提議（第五九條、第七〇條）。

五、立法院開會時，關係院院長及各部會首長得列席陳述意見，各種委員會得邀請政府人員及社會上有關係人員到會備詢（第七一條、第六七條二項）。

上列規定，無疑地相當受三權分立的內閣制思想的影響，這是制憲過程中政治協商會議一些人的主張，但並未完全爲制憲國民大會所接受。因此，曾引起兩項指摘：

一是認爲這些規定採用了三權分立的內閣制，有違五權憲法的精神。自然，行政院依憲法第五十七條規定對立法院負責的規定，誠有類於內閣制，但第五十七條規定的質詢僅爲普通質詢，而不能成爲議案，立法院對行政院重要政策不贊同時，雖得決議移請變更，但與不信任案有別，行政院仍可移請覆議，行政院亦不能提請將立法院解散重選，而對立法院通過之法律案、預算案、條約案，行政院並得移請覆議，立法委員亦不得兼任官吏，凡此均與內閣制有別。如果要將現行憲法有關行政與立法關係的規定與三權分立各國相比擬，可說是總統制與內閣制的折衷，既不是總統制，也不是內閣制。

二是認爲這些規定使立法院變了質，成爲政權機關，顯與五權憲法權能區分的原則有違。自然，現行憲法關於立法院組織與職權之規定，誠有類於三權分立的國會，但以國會代表人民來監督政府，係屬三權憲法的理論。五權憲法則認爲應由人民直接或間接行使選舉、罷免、創制、複決四項政權來管理政府，立法權則屬治權，與政權並無混淆。現行憲法關於立法院「代表人民行使立法權」之規定，誠欠斟酌，但立法委員由人民選舉產生，則符合人民行使選舉罷免權以管理治權的原則，不能認人民選舉產生者卽爲民意代表機關。立法院得聽取行政院施政報告及有質詢權與移請變更重要政策權，雖稍嫌偏重相互之制衡關係，然亦無傷兩權間之協調配合。惟行政院對立法院負責之規定，則顯受三權憲法思想之影響，宜加斟酌。

由上所述，可知現行憲法關於行政與立法關係的規定，基本上尚無背於五權憲法的理論，惟稍嫌偏重於兩者之消極制衡作用，若干規定有待斟酌，兩者合作關係尤宜加強。

行憲以來的行政院與立法院兩院關係，尚能依照憲法規定實施，行政院長的提名除了曾有一次未獲同意外，都能得到立法院高票支持。行政院長就任後和每一會期都向立法院提出施政方針和施政報告，立法委員的質詢迭經改進，已益能反映民意。法律案絕大多數係由行政院提出，立法院都能認真審議，並能配合需要，及時通過。行政院對立法院通過的法律案，雖亦曾有移請覆議之實例，然爲數極少，且均得立法院同意變更，而無迫令行政院長接受或辭職的情事。預算案的編造和審議，更迭經改進，益能發揮憲政功能。近年來行政與立法之關係更能本相互尊重之原則，融洽無間。凡此，可見現行憲法關於行政與立法關係之規定，雖嫌稍重制衡，但由於兩院的善爲運作與政黨政治的運用，兩院關係頗爲融洽圓潤，發揮其合作功能。不過，這並不是說：憲法的規定並無問題，除基本精神外，其具體規定是否妥適？也待研酌。至在解釋上，如第五十七條第二款第三款移請覆議時，可否提出修正案？第五十七條第三款之移請覆議，是否限於法律案、預算案、條約案？抑可包括戒嚴案、大赦案等？學者意見不一，實例上因移請覆議僅曾提出三次，其經覆議程序者僅有一次，係刪除兵役法施行法第十四條之規定，尚未發生可否修正及能否對其他法案提請覆議的問題，但就立法精神及規定而言，均宜作消極的解釋，以減少兩院間之爭議。至積極增進兩院之合作關係，除有賴兩院之共同認識與相互尊重外，更有賴修憲時之從詳研議。

二、行政與司法

行政與司法的關係在三權分立說初期，認爲兩者雖然都是行於法律之下，但其性質和目的都不相同，故行政機關與司法機關的組織與權能也不相同，兩者應截然劃分，以保障民權，防止專橫。但近代由於行政與司法的相互融化與結合，行政有司法化的趨向，司法也有其積極性與機動性，各國學者已漸認兩者性質與目的並非迥異，行政機關與司法機關的組織與權能的區別亦非絕對的。正與五權憲法重視兩者之分工合作，共同爲民服務之觀念一致。

因此，行政與司法關係在理論上，五權憲法與三權憲法都認爲消極方面兩者應分別清楚，行政不能干涉司法，司法也不能干涉行政；積極方面則同以謀求人民福利、達成國家目的爲共同目標，行政固應發揮其積極作用，司法也有其積極性、進取性和機動性，而不以消極的維持公共秩序、保障人民自由爲已足。但其具體規定則有左列問題：

一是行政訴訟應由普通法院審理抑由獨立的行政法院審理？也就是說：行政人員執行職務違法侵害人民權利時，被害人應依普通程序請求救濟？抑可提起行政訴訟並向國家請求賠償？在三權分立國家，英美法系與大陸法系之法制不同。五權憲法既強調國家爲人民謀福利的責任，對公務人員違法侵害人民權利，國家自亦應依法負賠償責任，行政訴訟亦應由司法系統之行政法院審判，以資救濟。

二是公務人員的懲戒權屬於其主管長官抑屬於獨立的懲戒機關？三權分立各國制度不一，且依政務官、事務官與法官、行政人員而有不同規定。五權憲法既將監察權獨立，以糾彈公務人員之違法失職，懲戒權自不宜仍屬於其主管長官，亦不宜由監察機關決定懲戒與否，而應由司法系統之懲戒機關行使懲戒權，以昭公允。

三是行政命令是否違憲或違法，司法機關有無審查權？三權分立各國雖制度不一，但大都認爲司法機關不僅對未具備形式要件之命令，得拒絕適用，對命令之內容，亦得予以審查，如認爲違反憲法或法律，亦得拒絕適用。五權憲法自亦應認定此項司法審查權，以維護司法獨立。且由於五權分立不僅行政機關得發布命令，考試機關亦得依職權發布命令，司法機關自亦得予審查，各機關對命令之適用發生歧見時，亦應由司法機關統一解釋，以杜紛爭。

因此，現行憲法規定司法院除掌理民事、刑事審判外，並掌理行政訴訟之審判與公務員之懲戒，而對司法院之司法審查權，則明定司法院解釋憲法，並有統一解釋法律及命令之權，且設大法官若干人掌理之。而對省自治法則有左列規定：

一、省自治法制定後，須卽送司法院，司法院如認爲有違憲之處，應卽將違憲條文宣布無效（第一一四條）。

二、省自治法施行中，如因其中某條發生重大障碍，經司法院召集有關方面陳述意見後，由行政院院長、立法院院長、司法院院長、考試院院長、監察院院長組織委員會，以司法院院長爲主席，提出方案解決之（第一一五條）。

此兩項有關省自治法的規定，無疑是受聯邦思想的影響，要將省自治法視同聯邦國家的邦憲，省自治法的制定既明定須依據省縣自治通則，此兩項規定，自無必要。現行憲法有關行政與司法的關係，引起爭論最多的，還是司法行政的隸屬問題。我國訓政時期建立五院制初期，司法院設司法行政部以掌理司法行政，民廿一年始改隸行政院，廿三年十月又同隸司法院，卅二年一月再改隸行政院，變革至多。五五憲草原規定司法院掌理司法行政，政治協商會議的修憲原則，則以司法院卽爲國家最高法院，不兼管司法行政，現行憲法既不採政協修憲原則，以最高法院爲司法院，但也不依五五憲草明定司法院掌理司法行政，故對司法行政的隸屬，遂有不同的意見。關於檢察與監所業務，性質界於司法與行政之間，究應屬行政系統抑司法系統，確各有利弊，但無論司法行政是否全由司法院掌理，司法院既掌理民刑事審判，最高法院亦隸屬於司法院，則高等法院以下各級法院自亦應隸屬司法院，以免割裂，則無疑義。此點並經大法官會議於四十九年八月著有解釋，行政院與司法院也已進行洽商，但迄未實現，這不能不說是行政與司法關係中一個亟待解決的問題。

此外，行憲以來的行政與司法都能依照憲法規定，切實實施，尤其行政機關對司法的審判獨立，頗能尊重，司法機關對貪污與重大刑案的偵審，也能積極辦理，以配合行政要求，倘能進一步加強，自益有助於行政和司法之配合合作。又在戒嚴地區，重大刑案原均可由軍事機關審判，依現定劃分辦法，則除軍人犯罪、叛亂犯及特定之盜賣買受軍用械彈及交通、電業器材案件由軍法機關審判外，均仍由法院審判，亦足見對司法權之尊重。

三、行政與考試

行政與考試的關係爲三權分立所無，依三權分立說，考試權原屬於行政權，五權憲法之所以使考試權獨立於行政權之外，依 國父的說明，固係採用我國過去的制度，亦在矯正歐美政黨分贓制度的流弊，提高公務人員的素質，並以濟選舉之窮。所以，行政與考試的分立，消極在防止任用私人，積極則在使人能盡其才，提高行政效率。考試雖不僅在考選行政人員，但公務人員中以行政人員爲最多，自以行政與考試的關係爲最密切，而其關係的內容最重要的便是考與用的配合問題。

考試權除在公務人員任職前以考選甄別其才能外，其任職時之任用、銓敍、陞遷、保障和任職後之退休、養老等，是否亦由考試權掌管？也就是說：考試權除掌理狹義的考試外，是否兼管任用、銓敍、陞遷、保障、退休、養老等人事行政事項？雖然有人認爲 國父遺敎中，只主張設立獨立機關，考選大小官吏，而未提及銓敍，人事行政應仍屬行政權。但考試權獨立既旨在防止任用私人，期達到人能盡其才的目的，以提高行政效率，如只管考試，而不管人事行政，殊難建立文官制度，達成此項目的。　國父在中華革命黨總章中於黨內試行五權制度，所定考試院職務除「考驗黨員才幹，而定其任事資格」外，更有「調查職員事功，而定其勛績」的規定，可見考試院應爲人事行政總機關，以建立超然的人事制度。不過，公務人員之任用、考績、升遷等，主管長官自亦有其權限，故考試與任用應如何適切配合？人事管理應如何適切分工？以建立人事制度與文官制度，實爲行政與考試關係的中心問題。

因此，現行憲法除規定考試院掌理考試、任用、銓敍、考績、級俸、陞遷、保障、褒獎、撫卹、退休、養老等事務外，並有左列規定，以確立公務人員非經考試不得任用制度：

一、公務人員之選拔，應實行公開競爭之考試制度，並應按省區分別規定名額，分區舉行考試，非經考試及格者，不得任用（第八十五條）。

二、下列資格應經考試院依法考選銓定之：㈠公務人員任用資格，㈡專門職業及技術人員執業資格（第八十六條）。

上述規定，關於考試按省區規定名額一項，雖可羅致邊區人才，但有背公平競爭的原則，學者多有批評，實施亦有困難。關於公務人員與專門職業及技術人員須經考試，究係例示規定抑爲限制規定？學者亦有爭論。依　國父遺教，公職候選人資格亦應經考試，以濟選舉之窮，自以解爲例示規定爲宜，惟依其立法經過與立法精神，則似難否定其爲限制規定。在此一規定未修正前，殊難認爲公職人員候選人資格亦須經考試。

行憲以來，行政與考試的關係，經依照憲法規定，確立公務人員非經考試不得任用的制度。考試應分區配額的規定，由於大陸淪陷，實施顯有窒碍，亦經於考試法作較彈性之規定，依法予以變通，分類職位公務人員考試，並不設配額之規定，以資適應。至考試與任用之配合，原規定凡經考試及格人員，均由考試院直接分發任用，嗣以事實困難，考試僅銓定其資格，惟考試及格人員仍列册分送候用，各機關需用人員亦須就及格人員中遴用，其按各機關需用人員舉辦之考試，則仍分發任用，以資配合。關於人事行政，對公務人員之銓敍、考績、俸給、保障、撫卹、退休等，年來經先後建立制度，以保障公務人員之任職與生活。對人事管理，並在各機關設置人事管理單位，由考試院指揮監督，以建立超然之人事管理制度。嗣為加強行政與考試之配合，由總統依據動員戡亂時期臨時條款調整中央行政與人事機構之規定，訂頒行政院人事行政局組織規程，於行政院設置人事行政局以統籌所屬各級行政機關及公營事業機構之人事行政，加強管理。此雖為適應非常時期之特殊需要，該局有關人事考銓業務，亦並受考試院之指揮監督，惟行政與考試機關有關人事行政業務之劃分，已有重大之調整，兩院間關係之加強與工作之配合，益形重要，如能適切配合，共同努力，當可充分發揮人事行政之效能。

四、行政與監察

監察權的獨立，也是五權憲法所獨創，作用在監察公務人員，防杜其違法失職，對象自不限於行政人員，但以行政人員為主要對象。故監察院與其他四院關係中，以與行政院關係為最密切。監察院的主要任務在監察行政院及其附屬機關，行政院則有賴監察院之監察以正官邪，消極方面在澄清吏治，防杜違法失職，積極方面在提高效率，發揮行政功能。

監察權在　國父遺教中，初名為糾察權（見民報週年紀念會講詞），中華革命黨總章所試行的五權制，名為監督院，後稱彈劾權（見採用五權分立制以救三權鼎立之弊），其後始名為監察權（見孫文學說），但在民權主義第六講還說：「監察權就是彈劾權」。對監察權的由來，也就是源自我國固有的御史制度和外國國會的彈劾權。不過，外國國會的監察權通常僅有調查權彈劾權與審計權，而我國御史制度的監察權則較為廣泛，故五權憲法之監察權除調查權審計權外，其彈劾權亦較為廣泛，包括政務官與事務官，凡有違法失職情事均應在彈劾之列，且對公務人員違法失職情節重大，認為有先予停職或為急速處分之必要者，並得提出糾舉，促使主管機關為必要之處理。因此五權憲法監察權對行政權之監察，範圍頗廣，兩者關係亦至為密切，如何適切運用，使監察權能充分發揮其積極的濟助作用，有助於行政功能之發揮，而不致消極的妨碍其行使，則有賴兩者之適當配合，亦為行政與監察關係之中心問題。

因此，現行憲法除規定監察院行使同意、彈劾、糾舉及審計權外，對行政與監察關係規定頗詳：

一、監察院為行使監察權，得向行政院及其各部會調閱其所發布之命令及各種有關文件（第九五條）。

二、監察院得按行政院及其各部會之工作，分設若干委員會，調查一切設施，注意其是否違法或失職（第九六條）。

三、監察院經各該委員會之審查及決議，得提出糾正案，移送行政院及其有關部會，促其注意改善（第九七條一項）。

四、監察院對中央及地方公務人員認爲有失職或違法情事，得提出糾舉案或彈劾案，如涉及刑事，應移送法院辦理（第九七條二項）。

五、監察院對於中央及地方公務人員之彈劾案，須經監察委員一人以上之提議，九人以上之審查及決定，始得提出（第九八條）。

六、審計長應於行政院提出決算後三個月內，依法完成其審核，並提出審核報告於立法院（第一〇五條）。

依上規定，監察院除行使彈劾權、糾舉權及審計權外，並有同意權及糾正權，無疑都是受三權憲法思想的影響，意圖使監察院成爲國會之上院，學者多加非議。同意權係對總統提名之司法考試兩院院長副院長及大法官、考試委員表示同意與否，性質自非監察權。有認爲應屬政權，宜由國民大會行使者。不知政權係指選擧、罷免、創制、複決四權而言，顯不包括同意權，同意權亦不宜由國民大會行使。如認爲司法考試兩院職責重大，且係獨立行使職權，爲期愼重其人選，對總統之任用權有以同意權加以限制之必要，則以之歸屬職司監察之監察院，雖非監察權之本質，亦無背於五權分立之精神。至糾正權則屬對行政機關設施之糾正，顯已逾越監察公務人員違法失職的範圍，殆係源自我國過去諫官制度和外國國會的建議權，但事實上對人與對事的分際，至難劃分，設施和政策也難有明顯的區別，監察院除對人的糾彈外，是否應兼及對事的糾正？確堪研究。此外，監察院之彈劾案，除對總統副總統另有規定外，無論大小官吏，均得由監察委員一人提議、九人審查與決定而提出，並均提由公務員懲戒委員會審議決定，是否妥適？亦有很多批評。要之，依現行憲法規定，監察權頗爲廣泛，其運用應如何求其適切，以增進行政與監察相輔相成之功能，實有賴於兩院的慎思明辨，各善盡其職責。

行憲以來的行政與監察關係，尚能依照憲法規定，逐步建立監察制度，發揮其功能。由於行政與監察關係之密切，監察權行使之分際，頗難作明顯的劃分，其間也曾發生若干爭論，最明顯的便是四十六年間對行政院院長應否應邀列席監察院有關委員會會議的爭論，其實監察院爲行使其調查權，自可邀請有關人員到院或就適當地點詢問，惟對行政院長之調查，則宜注意其有無必要與其方式之是否適切。經過這些爭論的逐一解決和年來的不斷改進，行政與監察的關係已漸建立良好基礎，如能益加改進，當可使兩者關係更能發揮其互相濟助的功能。

五、立法與司法

立法與司法的關係，依三權分立說，一爲制定法律，一爲適用法律，司法自受立法之拘束；而自美國創立違憲立法審查制，司法機關得審查立法機關的立法是否違憲，以維護憲法之尊嚴，司法對立法亦有其制衡作用。此制初期雖多爭議，二次大戰後則已爲多數國家所採用。又由於時代之演進，現代司法已不僅爲機械的適用法律的權力，更有其機動的活用法律的作用，對法律的適用不僅注重法條之形式，並應求其實質的妥當，以達成法律的目的。這一思潮，正與五權分立重在相互之配合，以發揮其積極功能的思想相符合。

五權憲法認立法與司法均屬治權，其目的均在弘揚法治，以增進人民福祉，兩者之間，固有其制衡作用，以防止專斷，司法固應獨立，然必須依據法律審判，立法與憲法有無牴觸，則由司法予以解釋。兩者更須相需相成，發揮其積極功能，立法宜參考司法之實務經驗，並予司法以適當之裁量，司法適用法律則應力求妥適，達成立法之目的，以共同爲人民謀福利，完成國家目標。

現行憲法一方面規定立法院有議決法律案之權（第六十三條），法官須依據法律，獨立審判（第八〇條）；一方面規定法律與憲法牴觸發生疑義時，由司法院解釋之（第一七一條）。此外，爲使立法與司法分別獨立行使其職權，對立法委員與法官並有左列保障之規定：

一、立法委員在院內所爲之言論及表決，對院外不負責任（第七十三條）。立法委員除現行犯外，非經立法院許可，不得逮捕或拘禁（第七十四條）。

二、法官須超出黨派之外，依據法律，獨立審判，不受任何干涉（第八〇條）。法官爲終身職，非受刑事或懲戒處分或禁治產之宣告，不得免職。非依法律，不得停職、轉任或減俸（第八一條）。

這些規定，都在使立法與司法分別獨立行使其職權，以收相互制衡與相濟之效，而自行憲以來，兩者也都能依憲法規定，發揮其功能，但在解釋上和實務上也曾發生若干問題：

一、由於制憲過程中頗受三權分立思想的影響，故現行憲法除規定行政院與考試院得向立法院提出法律案外，司法與監察兩院並無同樣規定，該兩院對立法院有無提案權？遂生爭議。嗣經大法官會議四〇年五月釋字第三號解釋，確認監察院關於所掌事項，得向立法院提出法律案，雖依據該號解釋所述：「我國憲法依據　孫中山先生創立中華民國之遺教而制定，載在前言，依憲法第五十三條（行政）、第六十二條（立法）、第七十七條（司法）、第八十三條（考試）、第九十條（監察）等規定，建置五院，本憲法原始賦與之職權，各於所掌範圍內爲國家最高機關，獨立行使職權，相互平等，初無軒輊。以職務需要而言，監察司法兩院各就所掌事項，需向立法院提案，與考試院同。考試院對於所掌事項，既得向立法院提出法律案，憲法對於司法監察兩院就其所掌事項之提案，亦初無有意省略或故予排除之理由。法律案之議決，雖爲專屬立法院之職權，而其他各院關於所掌事項知之較稔，得各向立法院提出法律案，以爲立法意見之提供，於理於法，均無不合」。司法院關於所掌事項，得向立法院提出法律案，應無疑問，依五權分立之原理，亦應作此解釋，惟以原解釋尙無明文，迄未定論，司法院除曾於民四〇年三月向立法院提出公務員懲戒法修正草案，經立法院改爲委員提案外，迄未向立法院提出法律案。此一問題，似應予以澄淸，使立法與司法益可收相需相成之效。

二、司法院之違憲立法審查權，爲憲法所明定，並於憲法第七八、七九兩條明定解釋憲法由大法官掌理，惟卅年來大法官會議除曾認高等法院以下各級法院，應隸屬於司法院，有關法令應分別修正（釋字第八十六號解釋）外，尙無宣告立法院通過之法律違憲無效之先例。而由於大法官會議有關國會問題之解釋，導致立法院之不滿，乃制定司法院大法官會議法，規定憲法之解釋，「以憲法條文有規定者爲限」，使司法院解釋憲法之職權，頗受限制，適用上亦頗滋爭議，論者多主張將大法官會議法作適當之修正，以加強釋憲功能，此一問題，確値得研究。此外，憲法規定大法官除解釋憲法外，並有統一解釋法律及命令之權。此項職權，對增進司法與立法之配合，維護法律尊嚴，弘揚法治功能，至有裨益，如何善爲運用，發揮其功能？亦堪注意。

三、關於立法委員言論免責權與身體自由之保障，固爲保障立法委員充分行使其職權所必要，亦爲民主國家之通例。惟立法委員之言論如與議案無關，又無相當依據而出於惡意，或將其言論對院外散佈時，是否仍須負責？立法委員之逮捕或拘禁須經立法院許可，是否須經院會決議？尚有不同的意見，宜分別愼加硏議，使臻明確。

四、關於法官獨立審判之保障，固以防止行政干涉爲主旨，惟立法機關及立法人員應亦不得干涉審判，故人民以訴訟案件向立法院請願，立法院均不予受理。我國律師法因有曾任立法委員得執業律師之規定，致過去立法委員兼營律師者頗多，易滋物議，嗣經立法院通過嚴肅紀律辦法，規定立法委員在職期間，停止執行律師會計師業務，使立法與司法之關係，得避免若干困擾。

由上述立法與司法關係的演進，目前立法與司法均能各自獨立行使職權，共同弘揚法治功能，如能更進一步，增進聯繫與配合，當益可收相需相成之效。

六、立法與考試

考試權依三權分立說，原屬行政權，五權憲法將之獨立於行政權之外，固係源自我國固有法制，也在矯正歐美政黨分贓制之弊，　國父原並主張國會議員候選人須先經考試，以濟選擧之窮。而考試則須依據法律辦理，故立法與考試的關係，也有其互相制衡與濟助的作用。消極方面防止專斷，積極方面則可使兩者均善盡其職責，建立優良法制與人事制度。

現行憲法因受三權分立思想之影響，未將公職候選人資格列爲應經考選銓定之資格，惟其餘有關立法與考試關係之規定，則尚符五權分立之原則：

一、考試權雖原屬行政權，惟考試院院長、副院長及考試委員之任用，無須經立法院同意，而由總統提名，經監察院同意任命（第八十四條），考試院亦不對立法院負責，惟考試院關於所掌事項，得向立法院提出法律案（第八十七條），立法院開會時，考試院院長及各部會首長亦得列席陳述意見（第七十一條）。

二、立法委員之候選資格，固無須考選銓定，惟立法院職員則屬公務人員，其任用資格須經依法考選銓定（第八十六條）。立法院並設人事室，受考試院之指揮監督，辦理人事行政業務。

三、考試院依法掌理考試及人事行政，憲法並明定考試委員應超出黨派以外，依據法律，獨立行使職權（第八十八條），而考試院爲合議制，由考試院會議決定人事行政之方針，此項決策，應由考試委員獨立行使職權，僅受法律之拘束，爲憲法所保障。

行憲以來之立法與考試關係，尙能依照憲法之規定，分別依法行使其職權，並共同建立考試與人事制度，而由於考試院對立法院有提案權，各項考試與銓敍法律，均由考試院提請立法院立法，以適應事實需要。憲法第八十五條關於考試應按省區分別規定名額之規定，自大陸淪陷，事實上頗窒碍難行，立法上亦能加以補救，於考試法第二十一條作「但得依考試成績，按定額標準，比例增減錄取之」之規定，分類職位公務人員考試法並不作按省區分別規定名額之規定。故立法與考試頗能互相尊重與配合，亦未發生若何問題。惟考試院旣對立法院有提案權，立法院通過有關考試院職掌之法律案，考試院認爲窒碍難行時，可否經總統之核可，移請立法院覆議，實務上雖尙未發生問題，解釋上則不無疑義。吾人認爲移請覆議雖憲法第五十七條僅就行政院加以規定，惟憲法第七十二條規定：「立法院法律案通過後，移送總統及行政院，總統應於收到後十日內公布之，但總統得依照本憲法第五十七條之規定辦理」。是考試院對此項法律案認為窒礙難行時，應亦可依照上開規定，報請總統，依五十七條之規定移請覆議，惟覆議時，如經出席立法委員三分之二維持原案，考試院院長應即接受該決議，而不發生辭職問題。

七、立法與監察

監察權在三權分立，原屬於立法權，惟如國會兼掌立法與監察，每易運用其權力，挾制政府，使政府陷於無能，五權憲法特本我國固有之御史制度，將監察權與立法權分立，立法管「法」，監察管「人」，兩相配合，使政府一本法治與廉能，成為萬能政府，以為人民謀福利。故五權分立之立法與監察，均以監督與協助政務之推進為主要任務，前者管法，後者管人，兩者原不相干涉，但法之貫徹實施，有賴人的奉公守法，人而違法失職，則須監察予以糾彈，故兩者仍有其相輔相成的作用。而立法人員雖非監察權行使之對象，監察權之行使則須依法律之規定，尤其預算案固須經立法院通過，審計權則由監察院行使，監察院審計長之任用，並須經立法院同意，審計長對決算之審核，亦須提報立法院，兩者關係至為密切。

現行憲法關於立法與監察之關係，除分別規定兩院之職權及組織外，對兩者相互之關係，則僅就政府用錢之管理，依上述原則，有左列之規定：

一、行政院於會計年度開始三個月前，應將下年度預算案提出於立法院（第五十九條）。行政院於會計年度結束後四個月內，應提出決算於監察院（第六十條）。

二、監察院設審計長，由總統提名，經立法院同意任命之（第一〇四條）。審計長應於行政院提出決算後三個月內，依法完成其審核，並提出審核報告於立法院（第一〇五條）。

現行憲法有關立法與監察之規定，雖大體上尚符合五權憲法之原理，惟由於制憲時曾有以監察院爲國會上院，而與立法院並爲國會兩院之構想，故監察權之內容頗爲複雜，而行憲以來，立法與監察間遂曾發生若干問題：

一、行憲未久，卽發生有關監察之法律案，是否可由監察院向立法院提出之問題，憲法並無規定，乃由大法官會議於四十年五月以釋字第三號解釋，認憲法之並無明文，不能認爲卽屬有意省略，基於五權分治平等相維之體制，參酌制憲經過，確認監察院關於所掌事項，得向立法院提出法律案。此一問題，乃告解決。

二、民國四十六年監察院函邀行政院長列席委員會備詢，固引起行政與監察之爭議，亦涉及立法與監察之關係，蓋當時爭執至烈者，一爲行政院長既對立法院負責，應否列席監察院備詢？二爲監察法第廿五條所規定行政院或有關部會接到糾正案後，「如逾二個月仍未將改善與處置之事實答復監察院時，監察院得質問之」，此項質問與立法院之質詢應如何區別？兩點均與立法與監察關係有關。事後對此雖未澄清，但一般見解均認爲監察院調查案件，依法得邀請有關人員到院或就適當地點詢問，但對行政院長之調查，應考慮其是否必要及其方式是否適切。關於質問，則固為法所明定，但應以糾正案為範圍，而與立法院之質詢有別，至糾正案是否逾越監察公務人員違法失職之範圍？前已於行政與監察中論及，茲不贅述。

三、立法與監察間爭議最大者，還是何者相當於民主國家之國會的問題。民國四十六年由於我國應由何機關派員參加各國國會聯合會，發生爭執，監察院曾咨請總統，請依照憲法第四十四條，召集有關院長會商解決，總統認此屬憲法適用之疑義，由秘書長函請司法院解釋，經大法官會議以釋字第七十六號解釋，「就憲法上之地位及職權之性質而言，應認國民大會、立法院、監察院，共同相當於民主國家之國會」。此一解釋，雖為立法院所不滿，學者亦多評論，但五權憲法與三權分立制度，本難比擬，勉相比擬，則此解釋尚難謂為不當。或謂此屬政治問題，不宜加以解釋，不知憲政問題，多具有高度政治性，正有賴憲法之解釋，使政治問題能獲解決。

四、監察院依憲法第九十六、九十七條之規定，得按行政院及其各部會之工作，分設若干委員會，調查一切設施，注意其是否違法失職，經各該委員會之審查及決議，得提出糾正案，移送行政院及其有關部會，促其注意改善。故監察院除有對人之糾彈權外，復有對事之糾正權，此項糾正權對象之行政「設施」與行政機關應對立法院負責之「施政」頗難劃分，尤其監察院每年巡迴監察後舉行年度總檢討，均提出對於一般政治設施之意見，函送行政院注意改善。其與立法院之職權，頗難有明確之分際。幸而行憲以來，立法與監察尚能一本互相尊重之精神，未因此而導致紛擾，然此一問題，仍堪注意研究。

五、我國審計權，向屬監察院，審計機構亦隸屬監察院，惟政協憲章採英美之審計制度，以審計權歸於立法院，故草案規定「立法院關於決算之審核，得選舉審計長，由總統任命之」。惟此一主張，爲制憲國民大會所反對，審查會仍將審計權劃歸監察院，嗣爲折衷各方意見，乃將審計權歸監察院，但審計長之任命，須經立法院同意，並應將決算審核提報立法院，成爲我國獨有之審計制度。各方雖多批評，惟審計與立法確有相當關係，使之參與人事任用與決算審核，似尚無不可。惟審計權既屬監察院，審計長負審核決算之責，又須提出審核報告於立法院，其決算之最後審定權，究屬監察院抑立法院？不無疑問。依現行決算法規定，總決算之最終審定數額表係由監察院咨請總統公告，其最後審定權自屬於監察院。立法院對審核報告僅審議其有關預算之執行、政策之實施。此一審計制度，雖稍繁複，然行憲以來，立法與監察均能依照執行，並無紛擾。惟是否可加改進，使益臻配合？則可研究。

由上所述，行憲以來之立法與監察關係，雖曾發生若干問題，然已多獲解決，並不斷改進，兩者關係已奠立良好基礎，今後如能益相配合，自可擴大其功能。

八、司法與考試

司法與考試均源自行政，且均以獨立依法行使職權爲其基本精神，惟前者司「法」的適用，後者掌「人」的管理，兩者對象各異，相互關係較少。然司法之人事，應經考試考選銓用，考試之法律適用，應受司法之拘束，考試有助於司法之人事健全，司法則可助考試之貫徹實施，兩者仍有其互相制衡與聯繫濟助之效能。尤其要保障司法獨立，必須對司法人員之人事制度，特予保障，而爲貫徹考選與銓敍之實施，亦須司法在公務員懲戒與法令解釋，相與配合，始克有濟。

故在五權憲法中，法官及考試委員均應獨立行使職權，司法人員之任用，固須經考試，法官之任免遷調，並應特予保障，考試人員之懲戒，由司法掌理，妨害考試者，亦應依法懲處，使司法與考試，兩相配合，以發揮其功能。現行憲法卽本此精神，有左列之規定：

一、法官須超出黨派以外，依據法律獨立審判，不受任何干涉（第八十條）。

二、考試委員須超出黨派以外，依據法律獨立行使職權（第八十八條）。

三、法官爲終身職，非受刑事或懲戒處分，或禁治產之宣告，不得免職。非依法律，不得停職、轉任或減俸（第八十一條）。

行憲以來，司法與考試均能依照上開規定，貫徹實施，兩者關係，融洽無間。惟在學理上及實務上，亦有若干問題，可資研究：

一、憲法八十一條所稱之法官，究係專指具有審判任務之法官而言，抑指廣義之法官，包括檢察官在內？曾有疑義。嗣經大法官會議釋字第十三號解釋：「憲法第八十一條所稱之法官，係指同法第八十條之法官而言，不包含檢察官在內，但實任檢察官之保障，依同法第八十二條及法院組織法第四十條第二項之規定，除轉調外，與實任推事同」，此一問題，已告解決，惟除各級法院推事外，行政法院之評事與公務員懲戒委員會委員，是否亦爲法官，尚有不同意見。行政法院評事既屬審判行政訴訟案件，其爲法官，應無疑義。公務員懲戒委員會委員審議懲戒事件，固須獨立行使職權，性質上究與審判訴訟有別，惟近經大法官會議解釋，認兩者均屬法官，此一問題，亦告解決。至大法官則雖以法官爲名，惟專司憲法之解釋及統一法令解釋，而不負審判職務，自非本條之法官，故有任期之規定，但亦應依據憲法及法律，獨立行使職權，不受任何干涉，則不待言。

二、關於考試委員獨立行使職權之規定，以考試委員係參加考試院會議，共同決定人事之行政方針，與法官之獨立審判不同，此一規定，有無必要？學者亦有不同意見，惟考試委員職司掄才，任務重大，自須超然公正，典試固須獨立，人事行政之決策，亦須客觀公正，各國文官委員會亦多有類此規定，故考試委員獨立行使職權，僅受法律拘束之規定，尚屬有利而無害。

三、關於司法人員之任用，早經貫徹非經考試不得任用之規定，尤其司法官之考試，向極認真，且考取後尚須經訓練，始予派用。近年更多以特種考試方式舉行，限定名額，考用合一，其考試科目與錄取標準，均較其他考試爲嚴。蓋以司法官職司平亭，責重權高，自非有健全之學養品德，不足以勝任愉快。惟考試究決於一時，如何加強投考前之大學法律教育及考取後之訓練學習，使司法官均能克盡職守，仍待努力。

四、法官爲終身職，爲憲法所明定，故公務員退休法有「命令退休不適用於法官」之規定，惟司法官之職務至爲繁重，其終生從事此一繁重工作，至年高體弱，如仍須擔負審檢業務，似非所宜。年來主管機關曾多方鼓勵司法官自願退休，並曾訂頒司法官退養金給與辦法，除退休金外，並加給退養金，又曾以調動其職務等方式，減輕其工作負擔，惟此一問題，迄未徹底解決。爲兼顧法律與事實，是否可建立司法官退養制度，使符合一定條件之法官，不再執行偵審職務，而仍維持其地位與待遇？似堪研究。最近大法官會議於其解釋理由書中，亦明示此旨。事屬重要，宜由司法院與考試院會同研議，以謀解決。

九、司法與監察

司法的目的在弘揚法治，以維護公正、消滅犯罪；監察的作用在監察公務人員，以澄清吏治。兩者均有檢舉不法，除暴安良的作用，尤其司法的檢察和監察的糾彈，雖對象各異，其作用頗爲類似。而要司法能發揮其功能，有賴於監察的協助，維護司法風紀；要監察能端正政風，更需司法配合，懲治貪瀆和懲處違失。因此，兩者相需相成，關係密切。

另一方面，同意權屬於監察院，司法院院長、副院長及大法官之任用，須經監察院之同意，而公務員懲戒權則屬於司法院，監察院對公務員之彈劾，須由司法院之公務員懲戒委員會審議。此外，司法人員如有違法失職，監察院得予彈劾。監察人員如有犯罪行爲，司法機關亦得偵審，惟監察委員在院內言論及其身體自由，則特予保障。因此，司法與監察之關係，亦有其互相制衡的作用，而其制衡的目的，亦在使兩者均益能善盡其職責，聯繫配合，擴大憲政之功能。

現行憲法關於司法與監察關係之規定如次：

一、司法院掌理公務員之懲戒（第七十七條）。

二、司法院設院長、副院長各一人，由總統提名，經監察院同意任命之。司法院設大法官若干人，掌理本憲法第七十八條規定事項，由總統提名，經監察院同意任命之（第七十九條）。

三、監察院對於中央及地方公務人員，認為有失職或違法情事，得提出糾舉案或彈劾案，如涉及刑事，應移送法院辦理（第九十七條二項）。

四、監察院對於司法院人員失職或違法之彈劾，適用本憲法第九十五條、第九十七條及第九十八條之規定（第九十九條）。

五、監察委員在院內所為之言論及表決，對院外不負責任（第一〇一條）。

六、監察委員除現行犯外，非經監察院許可，不得逮捕或拘禁（第一〇二條）。

上述規定，自行憲以來，均能切實實施，如司法院歷任院長、副院長及歷屆大法官之任用，均由總統提經監察院同意後任命，除第一屆大法官的提名，曾有極少數未獲同意外，均經監察院依法審查投票，予以同意。監察院調查中央及地方公務人員之違法失職情事，如涉及刑事，均移送司法機關偵辦。其提出彈劾案者，亦均移付懲戒機關審議。故司法與監察間，頗能依法互相尊重與配合，發揮其功能。惟關於彈劾案之提出與審議及對司法官之調查與彈劾，亦曾生齟齬。

關於對公務人員之彈劾，經監察委員一人以上提議，九人以上審查及決定後，應由監察院向司法院公務員懲戒委員會提出，由懲戒機關決定應否懲處。而由於全國公務員之彈劾，除總統副總統係向國民大會提出外，均送由公務員懲戒委員會審議，而依公務員懲戒法規定，懲戒案件涉及刑事者，在刑事確定裁判前，停止懲戒程序，故彈劾案移付懲戒機關後，往往歷久未決。且公務員之懲戒處分，至富彈性，政務官除撤職外，僅有申誡一種。故監察院對懲戒機關審議之時間及其決定，每多不滿。監察法第十七條雖規定：「懲戒機關對彈劾案逾三個月尚未結辦者，監察院得質問之，經質問後並經調查確有拖延之事實者，監察院對懲戒機關主辦人員得逕依本法第六條（彈劾）或第十九條（糾舉）之規定辦理之」，然難期實效。似宜考慮改善公務員懲戒制度，如政務官與事務官之性質不同，懲戒是否宜由同一機關審議？刑罰與懲戒處分性質各異，兩者程序是否可同時分別進行？懲戒處分之論處，是否宜定其公平客觀之標準？似均可研究，使彈劾與懲戒能益相配合。

至司法官亦爲監察權行使之對象，如有違法失職情事，監察院自得加以彈劾，而爲行使監察權，亦得向司法官進行調查，並調查其檔案文件，原無疑義。惟法官獨立審判，爲憲法所保障，對法官之彈劾，是否應有一定之限制？尤其對司法官行使調查權時，是否應有一定之界限？以免影響審判獨立，卽有不同之意見，亦曾發生若干爭議。關於調查權之行使，監察人員得調閱有關檔案、册籍及有關文件，並得封存或携去，如對繫屬中之偵審案件，亦得調查，自非所宜。故嗣經監察院院會決議：「法院推事檢察官辦理案件被控時，如該案尙在其審理中，或可依上訴程序救濟者，以暫不調查或受理爲宜，俾免妨碍司法獨立，但如有瀆職或重大違法失職情事，仍應卽行調查」，已作自我之約制。關於法官之彈劾，法官如有違法失職情事，自可予以彈劾，但法官審判案件供證之取捨及其法律見解有無違誤，是否可認爲失職而作爲彈劾事由？卽曾迭起爭議，頗難解決。要在雙方本互相尊重與共同目的，各自約制，以共謀解決。監察院對法官之違法失職，自可依法彈劾，而爲尊重司法獨立，則宜有適當之限制，如能就法官之彈劾，建立較完密之標準與程序，當有助於兩者關係之增進。

十、考試與監察

考試與監察同爲治「人」的機關，前者重在積極的進用賢能，後者重在消極的汰除腐劣，兩相配合，乃能使賢能在位，政治清明，故關係密切。惟兩者均獨立行使職權，而爲期考試超然公正，考試院院長、副院長、考試委員之任用，須經監察院同意；考試院舉行各種考試，應由監察委員監試；考試院人員如有違法失職，監察院得依法彈劾。又爲期監察克盡職守，監察人員宜經考試銓定其資格。又公務員之監察權，雖屬監察院，其任用、銓敍、考績、保障等人事行政，則由考試院掌理。故爲期建立廉能政治，必須考試與監察兩相配合，並發揮其互相制衡與濟助的功能，才能使有才者能在其位，在位者能盡其才。

現行憲法除以監察委員出自民選，無須經考試外，有關考試與監察關係之規定，尚符五權憲法之精神。除分別規定兩院對「人」的職權外，並有左列規定：

一、考試院設院長、副院長各一人、考試委員若干人，由總統提名，經監察院同意任命之（第八十四條）。

二、監察院對於考試院人員失職或違法之彈劾，適用本憲法第九十五條、第九十七條及第九十八條之規定（第九十九條）。

行憲以來，考試與監察兩院均能依憲法之規定，分掌對人之考選銓敍與對人之同意彈劾糾舉，共同致力澄清吏治，著有績效。兩院間亦能互相尊重與協調配合，關係良好。關於監察院對考試院之同意權，歷屆考試院院長、副院長及考試委員之任用，均由總統提名經監察院同意後任命。關於考試院對監察院之人事管理，除監察委員無須考試銓敍外，監察院職員均須依法考試銓用，監察院並設人事室，受考試院之指揮監督，辦理人事行政。

此外，考試為國家掄才大典，我國傳統極為重視，考試如有舞弊，向認為政治上之重大事件。故我國自考試院成立以來，即有監試法之制定，凡舉行考試，除檢覈外，均由考試院或考選機關，分請監察院或監察委員行署派員監試。關於試卷之彌封、彌封姓名冊之固封保管、試題之繕印封存及分發、試卷上之點封、彌封姓名冊之開拆及對號、應考人考試成績之審查、及格人員之榜示及公布等，均應於監試人員監視中爲之。如發現有潛通關節、改換試卷或其他舞弊情事，監試人員應報請監察院依法處理。行憲以來，卽照此辦理，而由於考試院主事者均能視考試爲神聖工作，審愼將事，極少違法情事，已爲考政樹立崇高聲譽。考試人員如有違法失職情事，監察院固得依法彈劾，刑法對以詐術或其他非法方法，使考試發生不正確結果者，亦有處罰明文，均在維護考試公正。而歷年監察院對考試人員，極少提出彈劾，足徵考試已能做到公正。但由於時代之演進，對公務員才能之要求日嚴，而除智能外，品德操守亦至關重要，考試方法應如何益加講求，以資配合，仍待研究。

要之，由於考試與監察之發揮功能，已爲各機關之人事，建立健全之基礎，進退監察，均有良好的制度。但際此國家情勢日益嚴重，政府職能日趨繁重，必須有更健全的人事制度和更廉能的公務人員，才能擔負使命。故關於人事行政的刷新、人事管道的流暢和如何進一步延攬人才和淘汰庸劣，都還有待考試與監察的共同努力，才能充分發揮五權分立和萬能政府的功能。

綜上所述，可見五權相互間的十種關係，都有其互相制衡與互相濟助的作用，也都以分立而相成，平衡而統一爲鵠的。現行憲法對五權相互關係的規定，雖未盡符理想，但大體尚符合五權分立的精神，行憲以來亦均能切實實施，使五權能收分立而相成之效。但由於五權憲法爲　國父所獨創，我國所首行，行憲過程中，也曾發生若干問題和爭議，然都能依循合法途徑和本相互尊重與協調的精神，妥謀解決，迭經演進，已爲五權憲法中的五權相互關係，建立了初步基礎。但也有不少地方，有待研究改進。本文以限於篇幅，僅能略述其梗概，如能分別再益加研究，當可使五權分立精義益爲闡明，謹待敎於高明。

九、中央與地方關係

國父對五權憲法的中央與地方關係，有他獨創的制度，就是要依照均權的原理：凡事務有全國一致之性質者，劃歸中央，有因地制宜之性質者，劃歸地方，既不偏於中央集權，也不偏於地方分權。

國父的均權制度思想雖然和他的權能區分、五權分立和地方自治的思想是融會貫通、脉胳一貫的，但却是他晚年的主張。他雖然一直都認爲中央與地方權限的劃分要使兩者權力均衡與調和，不要偏於集權或分權，但到晚年才具體提出均權的理論和辦法，形成他獨創的均權制度。

早在民前十二年，國父在致港督書所擬的平治章程中，便提出他對中央與地方關係的主張，但由於當時滿清政府是極度的中央集權，所以國父稍偏於地方分權，他主張：「於都內立一中央政府，以總其成，於各省立一自治政府，以資分理」，「所謂中央政府者，舉民望所歸之人爲之首，統轄水陸各軍，宰理交涉事務，惟其主權仍在憲法權限之內，設立議會，由各省貢士若干名以爲議員」；「所謂自治政府者，由中央政府選派駐省總督一人，以爲一省之首長，設立省議會，由各縣貢士若干名以爲議員，所有該省之一切政治、徵收、正供，皆有全權自理，不受中央政府遙制」。直至民國元年， 國父在臨時大總統就職宣言中，發布政務方針五項，其中一項說：「國家幅員遼濶，各省自有其風氣所宜，前此清廷強以中央集權之法行之，遂其僞立憲之術，今者各省聯合，互謀自治，此後行政，期於中央政府與各省之關係，調劑得宜。大綱既挈，條目自舉，是曰內治之統一」，也偏於反對中央集權，但已提出調劑得宜，以期均衡調和的目標。

民國二年的國民黨政見宣言，除了對於政體主張採單一國制外，對於政策，則主張劃分中央地方之行政，提出劃分中央地方權限的具體辦法：「中央之行政權，宜重以政務之性質與便宜，分配於中央與地方，而中央則統括的，地方則列舉的。故本黨所主張之劃分如左：（子）中央行政由中央直接行之，其重要行政：曰軍政（一行政、二事業），曰國家財政，曰外交，曰司法，曰重要產業行政（如鑛政、漁政、路政、墾地），曰國營實業，曰國營交通，曰國營工程，曰國立學校，曰國際商政（移民、通商、船政）（丑）地方行政分二種：一曰官治行政，一曰自治行政。官治行政以中央法令委任行之，其重要行政：曰民政（警察、衞生、宗教、戶口、田土、行政），曰產業行政，曰教育行政。若自治行政則地方自行立法，其重要行政：曰地方財政，曰地方實業，曰地方交通，曰地方工程，曰地方學校，曰慈善事業，曰公益事業，此劃分之大較也」。所提出的事權劃分辦法，係以政務之性質與便宜爲劃分標準，已見均權制度的端倪。到了民國五年，國父在「中華民國之意義」的講演中，更進一步說明了不偏於中央集權或地方分權的意見：「今之政治家有主張地方分權者，有主張中央集權者，惟僕則欲出一貌似模稜之說曰：兩者皆爲僕所贊同。一國之外交，當操持於中央，無分於各省之理。……其餘如海陸軍、郵電事業等，亦不能分其權於地方，此僕之贊同於集權者也。至於地方分權，則吾欲更進一層言之，言地方分權而以省爲單位者，仍不啻集權於一省也，故不爲此項問題之研究則已，苟欲爲精密之研究，則當以縣爲單位」。所以，當時國父極力鼓吹地方自治，要實行分縣自治。民國十年國父在就大總統職宣言中，更明白宣示：「集權專制爲自滿清以來之秕政，今後解決中央與地方永久之糾紛，惟有使各省人民完成自治，自定省憲法，自選省長，中央分權於各省，各省分權於各縣，庶幾既分離之民國，復以自治主義相結合，以歸於統一」。也明顯表示了使中央與地方權限均衡調和的均權主張。

國父明白提出均權制度的主張，並予具體說明的，是在民國十一年爲上海新聞報卅週年紀念所撰「中華民國建設之基礎」一文，在此文中，他說：「夫所謂中央集權或地方分權甚或聯省自治者，不過內重外輕、內輕外重之常談而已。權之分配，不當以中央或地方爲對象，而當以權之性質爲對象。權之宜屬於中央者，屬之中央可也；權之宜屬於地方者，屬之地方可也。例如軍事、外交，宜統一不宜分歧，此權之宜屬於中央者也。教育、衞生，隨地方情況而異，此權之宜屬於地方者也。更分析以言，同一軍事也，國防固宜屬之中央，然警備隊之設施，豈中央所能代勞，是又宜屬之地方矣。同一教育也，濱海之區宜側重水產，山谷之地宜側重鑛業或林業，是固宜予地方以措置之自由；然學制及義務教育年限，中央又不能不爲畫一範圍，是中央又不能不過問教育事業矣。是則同一事業，猶當於某程度以上屬之中央，某程度以下屬之地方，彼漫然主張中央集權或地方分權甚或聯省自治者，動輒曰某取概括主義，某取列舉主義，得毋嫌其籠統乎」。因此，他的結論說：「要之，研究權力之分配，不當挾一中央或地方之成見，而惟以其本身之性質爲依歸，事之非舉國一致不可者，以其權屬於中央，事之應因地制宜者，以其權屬於地方，易地域之分類，而爲科學的分類，斯爲得之」。

在「中華民國建設之基礎」一文中， 國父雖已說明了「均權」的主張，但還沒提出「均權」的名稱，首先揭示「均權」的名稱的，是民國十三年的中國國民黨第一次全國代表大會宣言和建國大綱。第一次全國代表大會宣言的對內政策第一項說：「關於中央及地方權限，採均權主義，凡事務有全國一致之性質者，劃歸中央，有因地制宜之性質者，劃歸地方，不偏於中央集權或地方分權」。建國大綱第十七條說：「在此時期（指一省全數之縣皆達完全自治之憲政開始時期），中央與省之權限採均權制度，凡事務有全國一致之性質者，劃歸中央；有因地制宜之性質者，劃歸地方；不偏於中央集權或地方分權」。

由上所述 國父均權思想的發展，可知 國父所主張的「均權」，不在求權力的平均，而是要按事務的性質，作合理的分配，使權力能均衡調和。因爲無論主張中央集權也好，地方分權也好，都犯了同一的錯誤，就是認爲中央與地方是對立的；或認爲地方僅屬中央的區域，權力宜集中於中央，或認爲中央僅屬地方的聯合，權力宜分配於地方。不知中央與地方只是政府職能上的分工，分中央則成地方，合地方則成中央，兩者並不是對立的。所以，權力的分配，應以事務的性質爲準，而不以中央或地方爲對象，基於分工原理，使中央與地方的權限，平衡而統一，分立而相成，正和五權分立的分工一樣，所不同者，只是五權分立是政府職能橫的分工，均權制度是政府職能縱的分工而已。

因此，均權制度的中央與地方事權的劃分，不是機械的而是機能的，不是數量的而是質量的，不是形式的而是運作的。它的目的是要使中央與地方的權力均衡調和，分工合作，共同爲人民謀福利，建設富強康樂的國家。

國父的均權思想，跳出了中央集權和地方分權的舊窩臼，而基於職能分工的原理，謀中央與地方關係的根本解決，不但有崇高遠大的理想，也適合中國的實際需要，自贏得一致的讚譽和信奉。但由於 國父對均權的辦法，除在「中華民國建設之基礎」一文中，加以說明外，其他遺敎，很少闡述，因此對均權制度的實施，也曾有若干不同的意見。其中主要的爭論有二：一是中央與地方權限的劃分，地方究應以省縣爲主體，抑以省爲主體，或以縣爲主體？二是中央與地方權限的劃分，究應以憲法規定，抑以法律加以規定？

關於中央與地方權限劃分的主體，有人根據上面所說的　國父就大總統職宣言所說：「中央分權於各省，各省分權於各縣」，認爲省縣都是地方均權的主體；有人根據建國大綱第十七條：「中央與省之權限採均權制度」的規定，主張以省爲地方均權的主體；有人根據前引「中華民國之意義」講辭所說的：「言地方分權而以省爲單位者，仍不啻集權於一省也，故不爲此項問題之研究則已，苟欲爲精密之研究，則當以縣爲單位」，認爲應以縣爲地方均權的主體。三說自各有依據，但對均權的認識，不能僅從片段的遺敎去瞭解，而該就其整個思想和理論去研究：均權既爲職能的縱的分工，則中央與地方權限的劃分，固應以均權爲原則，地方中省和縣權限的劃分，自也應適用均權的原理：地方事務中有全省一致性質者，歸省，有因縣制宜性質者，歸縣。也就是說：中央、省、縣三級，都要實行均權，這才是完全的均權制度，也才能達成中央與地方權力均衡調和的目的。

關於中央與地方權限劃分的方式，有人認爲我國既爲單一國，中央與地方權限可由法律規定，較富彈性；有人認爲中央與地方權限的劃分，爲中央與地方共同遵守的準則，自應於憲法予以明確規定；至規定的方式，何者應列舉，何者宜概括，又有不同的意見。我們覺得均權既爲政府職能的縱的分工，自應與橫的分工五權分立同樣明定於憲法，如僅由法律規定，則中央可隨時修訂，顯違背不偏於中央集權或地方分權的原則。至規定的方式，則以分別列舉爲宜，如一採列舉，一採概括，剩餘權歸屬於後者，亦有背不偏於中央集權或地方分權的原則。

由於對均權制度的實施，有若干不同的意見，在我國制憲過程中，對中央與地方關係的規定，便曾經過很多變更：民國廿二年立法院組織憲草起草委員會，從事憲法草案起草工作之初，曾議訂起草原則廿五項，其中第十三、十四項，分別規定：「關於中央事權，採列舉方式」；「關於地方事權，採概括方式」。所以，初期的憲草初稿試擬稿、憲草初稿草案和憲草初稿，都就「中央與地方之權限」設有專章，先規定「中央與地方採均權制」的原則，再列舉中央專有事項，由中央立法，然後規定「凡未列舉之事項，得由地方制定單行規章，或由中央規定原則由地方制定規章，但地方規章與中央法律牴觸者無效」。數稿內容雖有不同，但無疑都重在立法權的劃分，而稍偏於地方分權。但初稿完成後的審查修正案却作了很大的改變，取銷了「中央與地方之權限」一章，對中央與地方事權不予明文規定，而僅在「縣」的一章，列舉縣自治事項，其後的憲法草案修正案更刪除列舉縣自治事項的規定，而明定「縣自治事項以法律定之」。直到民國廿五年公布的五五憲草便沒有中央與地方關係的規定，而僅在地方制度「縣」的一節中，規定「凡事務有因地制宜之性質者，劃爲地方自治事項。地方自治事項以法律定之」。雖仍採均權制度的原則，但不在憲法明定事權的劃分，而僅以法律規定地方自治事項，無疑是偏重於中央集權。因此，抗戰期間國民參政會、憲政期成會所提憲草修正案，便增列「中央與地方」一章，列舉中央事權，而地方事權則採概括規定，國民參政會、憲政實施協進會所提對五五憲草之意見，則主張：「中央與省權限之劃分，不必詳細規定，惟建國大綱所定『均權制度』與『省長民選』兩原則，應充分表現」。

抗戰勝利後的政治協商會議，協議憲草修改原則十二項，其中第八項「地方制度」的第二點爲：「省與中央權限之劃分，依照均權主義之規定」。因此，所擬憲草修正案便增列「中央與地方之權限」一章，分別列舉了中央專有事項（由中央立法並執行）、中央地方共有事項（由中央立法並執行或交由省執行）、地方專有事項（由省立法並執行或交由縣執行），並概括規定：「如有未列舉事項發生時，其事務有全國一致性質者，屬諸中央，有因地制宜性質者，屬諸各省。遇有爭議時，由立法院解決之」。國民政府向制憲國民大會提出的憲法草案，僅中央地方共有事項「或交由省執行之」改爲「或交由省縣執行之」，並就列舉事項略有修正，餘均依此規定，可說是對五五憲草的一項重大修訂。

制憲國民大會對憲法草案「中央與地方之權限」一章，交由第五審查委員會審查，經過熱烈的討論後，決定審查原則三點：㈠關於中央與地方權限之劃分，採均權制度。㈡關於中央與地方均權之辦法，採中央、省與縣三級均權制。㈢關於中央、省與縣均權之方式，採取列舉與概括並用之方式。因此，除了各條列舉事項略有修正外，並將原地方專有事項改爲省專有事項，另增加一條爲縣專有事項，由縣立法並執行之，概括規定也改爲「如有未列舉事項發生時，其事務有全國一致之性質者，屬於中央，有全省一致性質者，屬於省，有一縣之性質者，屬於縣。遇有爭議時，由立法院解決之」。經過制憲國民大會修正通過，便成爲現行中華民國憲法。

現行憲法第十章「中央與地方之權限」，分別列舉中央與地方之權限如左：

一、由中央立法並執行之事項如下：㈠外交，㈡國防與國防軍事，㈢國籍法，及刑事民事商事之法律，㈣司法制度，㈤航空、國道、國有鐵路、航政、郵政及電政，㈥中央財政及國稅，㈦國稅與省稅、縣稅之劃分，㈧國營經濟事業，㈨幣制及國家銀行，㈩度量衡，(十一)國際貿易政策，(十二)涉外之財政經濟事項，(十三)其他依本憲法所定關於中央之事項（第一〇七條）。

二、由中央立法並執行，或交由省縣執行之事項如下：㈠省縣自治通則，㈡行政區劃，㈢森林、工礦及商業，㈣教育制度，㈤銀行及交易所制度，㈥航業及海洋漁業，㈦公用事業，㈧合作事業，㈨二省以上之水陸交通運輸，㈩二省以上之水利、河道及農牧事業，(十一)中央及地方官吏之銓敍、任用、糾察及保障，(十二)土地法，(十三)勞動法及其他社會立法，(十四)公用徵收，(十五)全國戶口調查及統計，(十六)移民及墾殖，(十七)警察制度，(十八)公共衞生，(十九)賑濟、撫卹及失業救濟，(二十)有關文化之古籍、古物及古蹟之保存。所列各款，省於不牴觸國家法律內，得制定單行法規（第一〇八條）。

三、由省立法並執行，或交由縣執行之事項如下：㈠省教育、衞生、實業及交通，㈡省財產之經營及處分，㈢省市政，㈣省公營事業，㈤省合作事業，㈥省農林、水利、漁牧及工程，㈦省財政及省稅，㈧省債，㈨省銀行，㈩省警政之實施，(十一)省慈善及公益事項，(十二)其他依國家法律賦予之事項。所列各款有涉及二省以上者，除法律別有規定外，得由有關各省共同實施。各省辦理各款事務，其經費不足時，經立法院議決，由國庫補助之（第一〇九條）。

四、由縣立法並執行之事項如下：㈠縣教育、衞生、實業及交通，㈡縣財產之經營及處分，㈢縣公營事業，㈣縣合作事業，㈤縣農林、水利、漁牧及工程，㈥縣財政及縣稅，㈦縣債，㈧縣銀行，㈨縣警衞之實施，㈩縣慈善及公益事項，(十一)其他依國家法律及省自治法賦予之事項。所列各款有涉及兩縣以上者，除法律別有規定外，得由有關各縣共辦理（第一一〇條）。

除上述四條列舉事項外，現行憲法並規定：如有未列舉事項發生時其事務有全國一致之性質者，屬於中央，有全省一致之性質者，屬於省，有一縣之性質者，屬於縣。遇有爭議時，由立法院解決之（第一一一條）。

由上述制憲過程，我們可以看到：歷次憲法草案和現行憲法對中央與地方權限的劃分，都毫無異議，也毫無例外的採均權制度，但對均權的方式和主體，正如上所說，有不同的意見，而作各種不同的規定：由憲草審查修正案到五五憲草都在憲法中對中央與地方權限劃分不予規定，而以法律規定地方的事權，五五憲草雖仍有「凡事務有因地制宜之性質者，劃爲地方自治事項」的原則規定，但地方自治事項以法律定之，即未經法律規定爲地方自治之事項，均屬於中央，嚴格來說：實有背均權的精神。此外，各草案則均對中央與地方之權限，明文規定，但規定的方式，由憲草初稿試擬稿到憲草初稿和國民參政會的憲草修正案，都列舉中央的事權，而對地方事權採概括規定，凡未經列舉之事項，地方均得立法並執行，這和五五憲草恰恰相反，較偏向於地方分權。政協以後的憲草和現行憲法才採取中央與地方事權均予列舉的方式，並作概括的補充規定，無疑地較符合均權制度的原理，其規定也較爲完備。至於地方均權的主體，由憲草初稿到五五憲草，都以省爲國家行政區域，以縣爲地方自治單位，自然都以縣爲地方事權的主體。由政協憲草修改原則到提出制憲國大的憲法草案，則改以省爲地方均權的主權，而分別列舉中央與省之權限。制憲國民大會認爲僅以縣或省爲地方均權主體，均有所偏，改採中央、省與縣三級均權制，而分別列舉其權限，無疑也最符合均權的原理和精神。所以，現行憲法關於中央與地方權限的規定，可說是過去歷次的憲法草案的綜合，它採取了歷次憲草的優點，也揚棄了歷次憲草的缺點，是最符合均權制度，也最爲完備的規定。

現行憲法對中央與地方權限的規定，雖獲得普遍的讚譽，但自公布以來，也有不少批評和指摘。自然，有些批評是基於對均權規定的方式和主體，有不同的意見，有些人更根本反對省自治，認爲不應明定省的權限，也有人認爲中央與地方權限的劃分，不必以憲法明文規定，這些意見，前面已加研討，茲不再贅述。我們認爲不贊成均權制度則已，如果要實行均權制度，現行憲法的規定原則上是正確的。也就是說：現行憲法的中央與地方關係，原則上是符合五權憲法的均權原理的。不過，其規定的內容，是否都很妥適？尚待探討。左列三點，便堪研究：

一、現行憲法第一〇七條至第一一〇條所列舉之事權，第一〇七條係中央專有事項，由中央立法並執行，第一〇九條係省專有事項，由省立法並執行，或交由縣執行，第一一〇條係縣專有事項，由縣立法並執行，均至明顯。惟第一〇八條所列舉之共同事項，則既規定由中央立法並執行，或交由省縣執行，又規定省在不牴觸國家法律內，得制定單行法規，至富彈性，其權限之劃分，頗欠明確。按德國威瑪憲法關於中央地方權限之劃分，僅列舉中央之立法權，而分爲專屬立法權（由中央立法）、共同立法權（中央未立法前，地方亦可立法）與原則立法權（由中央規定大綱，地方規定細則），其餘均由地方立法。奧國一九二〇年憲法則分別列舉由中央立法並執行事項（第一〇條）、由中央立法，交由地方執行事項（第一一條）、由中央原則立法，交地方規定細則並執行事項（第一二條）、由地方立法並執行事項則作概括之規定（第一五條），其權限之劃分均較明確。我國憲法第一〇八條涵蓋過廣，可由中央立法並執行，可由中央立法交省縣執行，亦可由中央原則立法而由省規定細則並執行，而事實上各款範圍不一，例如第一款之「省縣自治通則」，應係由中央原則立法，而由省縣規定細則並執行，並無由中央執行之可能。故第一〇八條之規定應如何加以調整，使權限之劃分，益臻明確？似堪研究。

二、第一〇七條至第一一〇條所列舉之事項，均較具彈性，相互間遂難免重複。如第一〇七條第五款將「航政」列爲中央立法並執行事項，其第一〇九條第一款之「省交通」及第一一〇條第一款之「縣交通」，如何劃分？似堪研究。「森林」、「教育制度」、「公用事業」、「合作事業」、「公共衞生」等，既列爲中央立法並執行或交省縣執行事項（第一〇八條），「省農林」、「省教育」、「省公營事業」、「省合作事業」、「省衞生」與「縣農林」、「縣教育」、「縣公營事業」、「縣合作事業」、「縣衛生」等，又分別列爲省立法並執行或交縣執行（第一〇九條）及縣立法並執行事項（第一一〇條），雖可以「全國一致」、「全省一致」、「一縣之性質」爲劃分之標準，惟在立法與執行工作上，重複在所難免，至少中央之立法與執行權，應作較明確之規定。又如「警察制度」，自應依第一〇八條第十七款規定，由中央立法並執行或交省縣執行，第一〇九條第十款及第一一〇條第九款又認省對「省警政之實施」及縣對「縣警衛之實施」，得立法並執行，既稱實施，應僅有執行權而無立法權，「警政」與「警衛」如何劃分？尤難索解。此外，如第一〇八條第十三款之「其他社會立法」，與同條十九款之「賑濟、撫卹及失業救濟」有無重複？又如發明、專利、著作、出版、禮俗等，現行憲法既未列舉其歸屬，尤其發明、專利、著作、出版等是否均應明列由中央立法？均堪研究。

三、第一一一條的概括規定，可補充列舉規定之不足，至爲完備，自無疑義，但末句謂：「遇有爭議時，由立法院解決之」，是否妥適？則待商榷。蓋此項爭議，往往爲立法權之爭議，如對未列舉之事務，中央認爲有全國一致之性質，應由中央立法，而省認爲有全省一致之性質，宜由省立法，倘由立法院解決，則立法院原屬當事人之一方，由其解決，是否合理？殊堪研究。且依憲法規定，司法院有解釋憲法之權，法律與憲法有無牴觸發生疑義時，由司法院解釋之。倘有未列舉之事務發生，立法院認爲有全國一致之性質，應由中央立法而行使其立法權，而大法官會議解釋憲法，又認爲有全省一致之性質，應由省立法，而宣告其法律牴觸憲法無效，此時又將如何解決？此項爭議性質上既屬憲法上之權限爭議，似以由司法院大法官會議依據憲法本條所定之原則，予以解釋，較由立法院解決，更爲適宜。

現行憲法自民國卅六年十二月廿五日施行，以共匪叛亂，未幾大陸卽告淪陷，政府撤退來臺，致地方自治無法全面推進，正在審議中的省縣自治通則，也不得不暫行擱置，因此，憲法所規定的地方制度，迄今未能實施。憲法有關中央與地方權限之規定，原以憲法所定之省縣地方爲對象，自然也未能正式全部實施。不過，政府爲了推行地方自治，仍依照憲法地方制度的精神，在臺灣地區，積極推進：首先由民國卅九年起，訂頒臺灣省各縣市實施地方自治綱要，並調整各縣市行政區域，實施縣市自治，同時在縣以下設鄉鎭縣轄市，以爲地方自治之基層組織。省雖仍爲國家行政區域，但由民國四十八年起，已成立省議會，作爲省立法機關。臺北市與高雄市先後升格爲院轄市，亦由行政院訂頒各該市各級組織及實施地方自治綱要，在直轄市自治法未頒布前，推行市自治。因此，目前臺灣地區雖未依照憲法所規定的地方制度，實施省縣自治，但省市已成立立法機關，行使省市立法權，縣市更已依憲法地方制度的精神，實施自治，經過廿餘年來的不斷改進和充實，已使臺灣地區的地方自治，在實質上向憲法的地方制度逐步推進。而關於中央與省縣權限的劃分，也在事實上依照憲法有關中央與地方權限的規定，逐步實施。

依照臺灣省各縣市實施地方自治綱要第十二條規定，縣市自治事項如下：㈠縣市自治之規劃，㈡縣市所屬行政區域之調整事項，㈢縣市公職人員選舉罷免之執行事項，㈣縣市辦理之地籍事項，㈤縣市教育文化事業，㈥縣市衛生事業，㈦縣市水利、農林、漁牧事業，㈧縣市交通事業，㈨縣市觀光事業，㈩縣市公用及公營事業，⑾縣市造產事業，⑿縣市工商管理，⒀縣市財政、縣市稅及縣市債，⒁縣市銀行，⒂縣市警衛之實施，⒃縣市戶籍登記與管理事項，⒄縣市國民住宅興建及整建事項，⒅縣市合作事業，⒆縣市公益慈善事業及社會救助與災害防救事項，⒇縣市人民團體之輔導事項，㉑縣市國民就業輔導事項，㉒縣市勞工、婦幼福利及其他社會福利事項，㉓縣市社區發展事項，㉔縣市有關文化之古籍、古物及古蹟保存之執行事項，㉕縣市文獻編撰事項，㉖縣市民俗改善事項，㉗縣市新聞事業，㉘與其他縣市合辦之事業，㉙其他依法賦予之自治事項。所列各款，除㈤㈥㈦㈧㈩⑿⒀⒁⒂⒃⒆㉙等為憲法第一一〇條所列舉之縣專有事項，第㉘款為第一一〇條第二項規定之事項外，第㈠㈡㈢㈣⒅㉑㉔等款為憲法第一〇八條所列舉之共同事項而交由縣市執行者，第㈨⑾⒄⒇㉒㉓㉕㉖等款，則為憲法所未列舉，而適應實際需要，列為縣市自治事項，其規定至為完備，亦符合憲法均權制度之規定。此外，同綱要第十三條並列舉下列各款為鄉鎮縣轄市自治事項：㈠鄉鎮縣轄市自治之規劃，㈡村里區域之調整事項，㈢鄉鎮縣轄市公職人員選舉罷免之執行事項，㈣鄉鎮縣轄市教育文化事業，㈤鄉鎮縣轄市衛生事業，㈥鄉鎮縣轄市水利、農林、漁牧事業，㈦鄉鎮縣轄市交通事業，㈧鄉鎮縣轄市公用及公營事業，㈨鄉鎮縣轄市造產事業，㈩鄉鎮縣轄市財政事項，⑾鄉鎮縣轄市合作事業，⑿鄉鎮縣轄市公益慈善事業及社會救助與災害防救事項，⒀鄉鎮縣轄市社區發展事項，⒁與其他鄉鎮縣轄市合辦之事業，(十五)其他依法賦予之自治事項。憲法對縣市以下之自治組織及其事權，雖無規定，然自亦應本均權制度之精神，妥為分配，上列規定，尚符此旨。

至省及直轄市，目前尚為國家行政區域，而未實施自治，惟已先設立省市議會，為省市之立法機關，以為實施省市自治之準備。依臺灣省議會組織規程及臺北市、高雄市各級組織及實施地方自治綱要之規定，省市議會之職權如下：㈠議決有關人民權利義務之省市單行法規，㈡議決省市預算及審議省市決算之審核報告，㈢議決省市財產之處分，㈣議決省市屬事業機構組織規程，㈤議決省市政府提議事項，㈥建議省市政興革事項，㈦接受人民請願，㈧其他依法律賦予之職權。所列各款，第㈠款至第㈣款均為省市之立法權，尤以第㈠款之議決有關人民權利義務之省市單行法規，最為重要，惟由於省市尚未實施自治，省市自治事項尚無明確劃分，故省市單行法規之範圍，尚乏明確之準據。且由於省市議會尚非省市自治之立法機關，故上開組織規程及綱要，均規定：省市議會議決之省市單行法規，除其依法律應報請行政院核定者外，應函由省市政府轉報行政院備案，行政院對於呈請備案之決議，認為內容有不當者，得退還省市政府於卅日內附具理由，送請省市議會覆議。惟事實上各項法律對中央與地方權限之劃分，均以憲法之有關規定為依據，故省市議會依法律規定得議決之省市單行法規，實質上係以憲法之均權制度為準據，而行政院對省市議會之監督權，行使亦至審慎，故省市議會已建立省市自治立法機關之雛型。

除上述臺灣地方自治法規的規定外，許多中央與省縣權限的劃分，都由國家法律予以規定，尤其憲法第一〇八條所列舉的事項。在行憲之初，若干應以法律規定的事項，尚未完成立法，而臺灣因光復伊始，過去若干制度，如菸酒公賣、師範學院都由省辦理，和國家法律不無扞格。臺灣實施地方自治後，地方議會的職權如對地方決算的審核權如何行使？亦不無爭議。因此，初期中央與省縣權責的劃分，頗欠明確，四十六年行政院及所屬機關權責研討委員會和四十七年的總統府臨時行政改革委員會對此均曾有所建議。嗣經依據均權制度的原則和憲法的規定。妥謀解決，其有事實上之困難者，亦以委辦或其他方式，作合理之解決，過去法律尚無規定或規定尚欠明確者，均陸續以法律明文規定，而年來由於經濟的繁榮和建設的發展，各項農工企業和交通事業的管理，日益繁雜，各項法令規章亦日益增加，動輒均與中央與省縣事權之劃分有關，現亦逐步建立完密之制度。惟目前以臺灣地區各省市情況相去不遠，若干法律之規定，自難免偏於由中央統籌規劃，使能全國一致，以適應當前之實際需要，將來光復大陸後，自宜作較富彈性之規定，使地方能因地制宜，分別發展。可見均權制度之實施，自須按事務之性質劃分事權，仍應注意其空間時間的特性，適應事實上之需要，妥爲劃分，始可達成均權的目的。

由上所述，可知雖然由於我們的地方制度，尚未能依照憲法規定實施，憲法有關中央與地方權限的規定，形式上也未全部施行，但多年來臺灣地區已積極推行地方自治，縣市已實施自治，省市也已設立立法機關，中央與省縣權限的劃分，事實上多已依憲法均權制度的規定實施。法律有關中央與省縣事權劃分的規定，亦日臻完備，且經過多年來的不斷改進和充實，我們雖然不能說：目前的中央與地方關係，已按照均權制度的理想實施，但已爲均權制度的實行，奠立了良好的基礎，並在逐步推進中。只要我們能不斷檢討改進，並早日光復大陸，統一全國，我們相信：五權憲法的均權制度的理想，必可實現於全國，弘揚於世界。

十、地方制度

國父的五權憲法思想，除以權能區分學說爲其基本原理，以人民有權、政府有能爲理想的憲政體制外，並以五權分立爲中央政制的原理，均權制度爲中央與地方關係的原理，地方自治爲地方制度的原理，五權憲法的思想便是由權能區分、五權分立、均權制度和地方自治四項理論融會貫通而形成的。這四項理論，前三者都是　國父繼承中國歷史文化的傳統，擷取西方學說的精華而獨創的；地方自治雖然不是　國父的創見，却是他從我國古代的鄉遂保甲等地方制度和西方國家的自治制度，參會融通，去短取長，而構想出來的。故　國父的地方自治理論，也有其獨到和完整的見解。

國父早在民前十二年致香港總督書所附的平治章程，便揭櫫地方自治的主張；民前六年在同盟會革命方略所擬定的軍政府宣言，更具體提出軍法之治後實行約法之治，以推行地方自治的建國程序。其後在許多文獻和演講中，都反復說明地方自治的重要，尤其在辛亥革命後，他眼見他手訂的革命方略被「置而不議，格而不行」，地方自治爲大家所忽視，致「建設無成，國事日非」，他更痛心疾首，極力鼓吹地方自治。較重要的有民國五年「自治制度爲建設之礎石」、「辦理地方自治是人民的責任」、「地方自治爲社會進步之基礎」三篇講詞。後來更手訂地方自治開始實行法和建國大綱，提出實行地方自治的具體方案，以爲革命建設的鵠的。先總統 蔣公在總理遺敎六講中便曾指出這兩大文獻是政治建設的寶典，其理想則爲創立五權憲法：「建國大綱就是 總理關於政治建設最簡要切實的寶典，而地方自治開始實行法爲其補充的規定，至於五權憲法則爲政治建設所要建設的理想制度」。在這兩大文獻中，也充分說明了 國父的地方自治理論及其實行程序和方案。

國父的地方自治思想，最重要的有左列特點：

一、關於地方自治的目的和性質， 國父在地方自治開始實行法的開端，便明確的指出：地方自治「當以實行民權、民生兩主義爲目的」。在結論，更具體的說明：「此所建議之地方自治團體，不止爲一政治組織，亦並爲一經濟組織。近日文明各國政府之職務，已漸由政治兼及於經濟矣。中國古代之治理，敎養兼施，後世退化政府，則委去敎養之責，而聽人民各家之自敎自養，而政府祇存一消極不擾民者，便爲善政矣。及至漢、唐，保民理民之責，猶未放棄；故對外尚能禦強寇，對內尚能平寃屈；其後則並此亦放棄之，遂致國亡政息。……民國人民，當爲自計，速從地方自治，以立民國萬年有道之基，宜取法乎上，順應世界之潮流，採擇最新之理想，以成一高尚進化之自治團體，以謀全數人民之幸福」。由此可知：國父所主張的地方自治係以「實行民權、民生兩主義爲目的」，也就是以實現三民主義爲理想。而地方自治團體的性質，則兼有政治性和經濟性，其自治功能不僅在消極的理民保民，更要積極的教民養民，其自治事務不僅在辦理政治事務，更要舉辦經濟事業。所以，國父手訂的地方自治開始六事，「定地價」、「修道路」、「墾荒地」，固然是經濟事業，就是「清戶口」，也重在釐定人民對自治團體的權利義務關係；「立機關」更要先設立有關人民食衣住行的機關，來解決人民生活問題；「設學校」也是於敦正民德之外並注重雙手萬能，教大家從事生產，充裕財富。這是何等崇高博大的理想，正和我國古哲所謂「正德、利用、厚生」，同其旨趣。也可見國父的地方自治思想不是孤立的，而是他從中西思想斟酌損益，集其大成所創立之三民主義和五權憲法思想體系的一部門，要用地方自治來實行三民主義和建立五權憲法的地方制度。

二、關於地方自治的組織，國父曾介紹美國克利浮萊城的自治組織，認爲這是當時最新的自治組織，值得我們取法，並以圖說明如左：「圖中最高者爲人民，見人民之實行其主權也。其下一爲縣議會，人民舉議員廿六人行使其立法權，而該城之七十萬人共守之。一爲縣長，亦由人民選舉，根據議會所定之法令，以支配六局。……以前人民僅有選舉權，今並有罷免權。以前議會立法，雖違反人民意志，人民無法取消；或得資本家賄賂，將有益公衆之事，寢置不議，此皆異常危險。今則七十萬人中，苟有七萬人贊成署名，可開國民大會，有人民三十五萬人以上之贊成，即可成爲法律。反是者，違反人民意思之法律，亦可以是法取消之。議會所定法律有疑點，亦可以是法複決之。至縣長對於立法，僅有否認權；否認者，交議會複議，以更多之數取決之」。

國父認爲自治組織「必如是，而後可言主權在民也」，也就是這樣的自治組織才能真正使人民有權，政府有能。因爲權能區分的理論，不僅適用於國家，也適用於自治團體，在自治團體中，人民也應有選舉、罷免、創制、複決四項政權來管理自治機關，而自治機關也應有充分的「能」來爲人民服務。但因爲五種治權中，司法、考試、監察都應該統一由中央直接行使，地方只有執行機關和立法機關分別執行地方自治事務和行使屬於地方的立法權，來替人民服務。要自治機關有能便要使執行與立法分立，並使執行機關能分別門徑來辦理政治和經濟事務。因此，　國父所介紹的自治組織便：㈠在自治團體中，人民的地位是最高的，不僅對自治人員有選舉權、罷免權，而且對自治法令有創制權、複決權；執行機關和立法機關都由人民直接選舉罷免，分別對人民負責，充分表現了人民有權的精神。㈡自治機關採立法機關與執行機關分立制，彼此平衡而統一，分立而相成，立法機關制定自治規章，而執行機關依據規章辦理自治事務，但對窒碍難行的規章得提請覆議。㈢執行機關的六局，不但辦理政治事務，也辦理經濟事業，如執法局和公安局重在保民理民，公益局和公用局則重在敎民養民，各局的定名重在「公」字，也表現其管理衆人之事的精神，使自治機關有能來爲衆人辦事。雖然　國父對自治組織作一舉例的介紹，但已充分說明其對自治組織的理想和原則，也是和他的五權憲法學說是思想一貫，脈絡相通的。

三、關於地方自治的實行程序， 國父在建國大綱和地方自治開始實行法中，更有詳細和具體的指示。他主張建國程序要經過軍政、訓政、憲政三個時期，主要就是要在訓政時期中完成地方自治，以爲實施憲政的基礎。他對地方自治實行的開始時期、進行步驟、完成標準和由縣到省，以至完成憲政的程序，都有詳細的指示，不但非常具體切實，而且顯示地方自治推行的原則有：㈠要由下而上，從基層做起，一層一層，向上開展。㈡要注重實際，要從基本工作做起，按序推進，地方自治的完成要以工作的完成爲標準。㈢一省底定便開始訓政，一縣自治完成便進行選舉，一省各縣均完成自治，便開始憲政，過半數省分完成自治便制頒憲法，不規定一定的期限，也不強求各省各縣同時進行，其期間不妨參差，程序則不可踰越。

國父對地方自治既有這樣遠大的理想和具體的方案，政府在完成北伐統一全國後，便遵照遺敎，制頒訓政綱領，實施訓政，並在民國十七八年，先後制定縣組織法、縣參議會組織法、區自治法、市組織法等，積極推行地方自治，惜因外患內亂，接踵而至，成效未彰，嗣以勦匪區內編組保甲，尙有成效，乃於民國廿三、四年，從事改進，縣以下僅設鄉鎭一級，以保甲爲鄉鎭內編制，積極推行各項地方自治。

但未幾又值抗戰爆發，雖政府在抗戰中仍推動自治，並於民國廿八年制定「縣各級組織綱要」，實施新縣制，嗣復成立各省臨時參議會，發揚民意，但以戰爭影響，地方自治之推進自難有輝煌之績效。抗戰勝利後，訓政尚未完成，惟政府為期早日還政於民，決定提前實施憲政，歷經艱辛波折，終於民國三十五年十一月召開國民大會，制定憲法，自三十六年十二月二十五日施行。

中華民國憲法對地方制度，規定於第十一章，而地方事權的劃分則在第十章中列舉。依其規定，除直轄市之自治和蒙古各盟旗地方自治制度，以法律定之，西藏自治制度應予保障外，其要點如次：

一、地方分省縣兩級，省縣均實行自治，省縣都是地方自治團體，市則準用縣的規定。

二、省縣自治的實施，分別召集省縣民代表大會依據省縣自治通則制定省縣自治法，以為省縣自治的基本法。省自治法制定後並應送司法院審查其有無違憲，施行中如有重大障碍則由五院院長組織委員會提出方案解決之。

三、省縣自治組織均採執行機關與立法機關分立制：由省縣民分別選舉省縣議員組織省縣議會，行使屬於省縣之立法權，制定省法規與縣單行規章，但均不得與國家法律牴觸，縣規章並不得與省法規牴觸；另選舉省縣長辦理省縣自治，並執行上級委辦事項。

四、縣民關於縣自治事項，依法律行使創制、複決之權。對於縣長及其他縣自治人員，依法律行使選舉、罷免之權。省則無同樣規定。固然有人認為可由省民代表大會間接行使，但亦有認為應由省民直接行使的。

五、省縣的事權除依均權原則劃分中央與地方之權限外，屬於地方的事權，亦依此原則分別列舉省縣的事權。除中央專有事項（憲法第一〇七條）由中央立法並執行，中央地方共有事項（憲法第一〇八條）由中央立法並執行或交省縣執行外，地方專有事項屬於全省者（憲法第一〇九條）計十二項，由省立法並執行或交縣執行，屬於一縣者（憲法第一一〇條）計十一項，由縣立法並執行，同時憲法第一一一條更明定：如有未列舉事項，除有全國一致之性質者屬於中央外，有全省一致性質者屬於省，有一縣之性質者屬於縣。

上述憲法的規定原則上是符合 國父遺敎的，但在制憲過程中，曾經過不少爭議和波折，同是主張依據 國父遺敎制定憲法的人，也有不同的意見，主要的爭議有左列三點：

一、關於省的地位問題， 國父認爲地方自治應以縣爲單位，對縣自治指示至爲明確，對省自治則較少論列，而對聯省自治則曾痛加駁斥，因此有些人認爲 國父不贊成省自治，省應僅爲國家行政區域，五五憲草便採此說。而政治協商會議則有些人傾向聯邦制，主張以省爲地方自治之最高單位，得制定省憲，其後雖取消省憲的名稱，但提出制憲國大的憲草修正案，仍是偏重省自治的。其實，我們只要把 國父有關省制的遺敎作全般研究，便知道 國父是一貫主張省自治的，上述建國大綱所定自治程序的「由縣到省」，便說得很明白，只是省自治和縣自治地位不同，一面縣隸屬於省，其地位較省「低」，一面以縣爲自治單位，其地位較省「重」。各項地方自治事務都應盡可能以縣爲單位去辦理，在一縣之內完成自治規模。但並不是地方自治只有縣一級，縣以下有鄉鎭爲基層組織，作地方自治的基礎；縣以上有省爲上級自治團體，以監督和統籌各縣自治爲其主要任務，只有須全省一致的自治事項才作爲省自治事務，由省去辦理。五五憲草否認省自治和憲草修正案偏重省自治，都嫌各有所偏，而與 國父遺敎不符，現行憲法承認省自治而不忽略縣自治，自然是較符合 國父遺敎和國情需要的。

二、關於省縣事權問題， 國父認爲中央與地方權限的劃分應採均權制度，這是沒人懷疑的，但憲法應如何規定，便有不同的意見。五五憲草對中央地方權限的劃分不設專章，而僅在地方制度中規定「凡事務有因地制宜之性質者，劃爲地方自治事項。地方自治事項，以法律定之」。憲草修正案則設有專章分別列擧中央與地方權限，但地方事權規定由省立法並執行或交縣執行，省縣關係則由省自治法予以規定。前者雖採均權原則，但將地方事權授權以法律定之，而不以憲法保障，顯偏於中央集權；後者雖列擧中央與地方權限。但將地方事權歸屬於省，顯偏重於省的權限。兩者各有所偏，須知均權制度的主要精神在基於分工原理，按事權的性質來劃分權限，中央與地方的權限固應依此劃分，屬於地方的權限也應依此原則，分別歸屬於省或縣。所以，現行憲法既不偏於中央集權，也不偏重省的權限，而採用中央、省、縣三級均權制，分別列擧其權限，並作概括性的補充規定，無疑是捨兩者之短而採兩者之長，且也符合 國父均權制度的遺敎。

三、關於省縣的組織問題，五五憲草和憲草修正案對自治機關均是採執行機關和立法機關立制，自治首長和議會均由民選，均符合　國父遺敎，自無疑義。但憲草修正案因爲政協原主張省得制定省憲，僅不得與憲法牴觸，其後始改稱省自治法，由省民代表大會依據省縣自治通則制定，但縣則無縣自治法的規定。這顯然仍存有聯邦制的思想。所以，制憲國大審查時，幾經辯論，始明定縣亦得召集縣民代表大會，依據省縣自治通則制定縣自治法，但不得與憲法及省自治法牴觸。且將原規定縣自治及縣政府之組織均由省自治法予以訂定的規定刪去。因此省縣均有自治法作爲其自治之基本法，省縣的組織除執行機關和立法機關外，並有省縣民代表大會的設置，但省縣民代表大會應僅爲省縣自治法的制定機關，任務完成後便可解散，至省縣自治法的修改，似可由省縣政府或省縣議會依一定程序提出，而由省縣民複決，因爲省縣民既可直接行使政權，自無由省縣民代表大會間接行使的必要。

綜上所述，可知現行憲法雖然由於制定的過程非常曲折，而且是在未完成訓政前提前實施憲政，有些規定和五權憲法的理想尙有距離，但關於地方制度的規定，却能綜合五五憲草和憲草修正案，取長捨短，愼加規定，頗符合　國父有關地方自治的遺敎，但並不是說已盡善盡美，自然，也還有不少缺點。最重要的是只規定「縣實行縣自治」，而沒有明定縣爲自治單位，這是國父遺敎中很重要的一點，也確定了地方中省、縣、鄉鎭三級的地位；自應明確規定。此外，對省自治和縣自治的規定方式不同，省組織規定於省自治法內容之內，縣組織則由憲法分別規定，並對省自治法特加重視，顯然還存有偏重省自治的痕跡。省自治法施行中發生重大障碍時由五院會商解決的規定，有無必要？也很值得研究，對中央、省、縣事權的列擧規定，是不是都很妥適？也宜依據實際需要，再加研酌，好在這些都不是原則問題，可俟將來研究修憲時從詳研議。

中華民國憲法的地方制度所遭遇的最大問題，是在憲法頒布後，正積極制定省縣自治通則，以為實施省縣自治的依據，便值共匪叛亂，大陸淪陷，使地方自治無法推行，省縣自治通則草案在立法院正進行二讀，也只好暫行擱置。所以，自行憲以來，憲法的規定幾已全部實施，只有地方制度却因事實困難，迄今三十年，無法實施，這是當前憲政體制的最大缺憾。不過，政府遷臺後，雖以格於事實，無法實施憲法的地方制度，但在復興基地，仍依照憲法地方制度的精神，積極推行地方自治。先總統　蔣公在「重建本黨的根本問題」的訓詞中，便指出：「民權主義的基本工作，那當然就是　總理所講的地方自治。我以為地方自治的最基本的工作，尤其是要建立真正的民主制度和養成守法負責的精神。……我們在臺灣省如何實現　總理預期中的地方自治，就是我們今日在實行民權主義中的一個基本問題」。

因此，政府首先由民國卅九年起，訂頒臺灣省各縣市實施地方自治綱要，並調整各縣市行政區域，推行各縣市自治，縣市長和縣市議會都由民選。縣以下則設鄉鎭或縣轄市，也是自治團體，鄉鎭縣轄市長和鄉鎭縣轄市民代表也都由人民選擧。鄉鎭縣轄市內的編制則為村里鄰，村里長雖亦由民選，也有村里民大會，但只是鄉鎭市的內部編制，而非自治團體。省轄市下則設區，但區公所只是受市府指揮辦理自治事務，屬市府的分支機構，而非自治團體。至臺灣省則仍屬國家行政區域，但爲了推行自治，也由四十年起將以前的省參議會改爲臨時省議會，四十八年起更改爲省議會，由民選議員組織，雖然還不是省自治的立法機關，但已具備省立法機關的雛形，其職權也日益充實。臺北市原爲臺灣省轄市之一，五十六年起因人口增加和經濟發展，升格爲直轄市，由行政院制頒「臺北市各級組織及實施地方自治綱要」，市長雖在直轄市自治法未制定前暫由行政院依法任命，但設市議會行使市立法機關的職權，市民也可依法行使政權。高雄市也由於人口增加和事實需要，由六十八年七月起改爲直轄市，其政制與臺北市同。

由上所述，可知目前臺灣地區雖未依照憲法所規定的地方制度，實施省縣自治，只是依據行政院訂頒的臺灣省議會組織規程、臺灣省各縣市實施地方自治綱要、臺北市、高雄市各級組織及實施地方自治綱要和省市議會所制定的各項自治規章來推行地方自治，但除臺灣省政府仍爲國家行政機關和臺北市、高雄市長暫由政府任命外，可以說都是依照憲法地方制度的精神來實施自治，而且經過三十年來的不斷改進和充實，如各項地方自治事業的推展、各級民意機關職權的充實、地方自治財政的充實、地方選擧的改進等，已使臺灣地區的地方自治，在實質上向憲法的地方制度逐步推進，雖然還有些地方有待繼續努力，尤其在法令方面現在都以行政命令爲地方自治的法源，在省縣自治通則未制定前，應怎樣完成其立法程序？各級組織應如何益求其健全？各級職權的劃分應如何妥爲調整？自治監督應如何善爲加強？都有待依據實際經驗和需要，研究改進，使益臻完善。

關於臺灣地區地方自治的推進，上述　國父的地方自治理論和現行憲法的地方制度，已爲我們指示了地方自治建設非常明確的目標和道路，先總統　蔣公也指示我們：三民主義新中國的建設，要以現代化政治、現代化經濟、現代化敎育、現代化社會和現代化生活爲內容，而現代化政治建設「要從地方自治入手、從鄉村建設入手」。只要我們朝着這些方向切實努力，必可建立五權憲法的地方制度，也就爲五權憲法的憲政體制奠立了堅強不拔的基礎。

三民大專用書(八)

書名	著作人	任職
貿易英文實務	張錦源	交通大學
海關實務	張俊雄	淡江大學
貿易貨物保險	周詠棠	中央信託局
國際匯兌	林邦充	輔仁大學
信用狀理論與實務	蕭啟賢	輔仁大學
美國之外匯市場	于政長	東吳大學
外匯、貿易辭典	于政長	東吳大學
國際商品買賣契約法	鄧越今	前外貿協會處長
保險學	湯俊湘	中興大學
人壽保險學	宋明哲	德明商專
人壽保險的理論與實務	陳雲中	臺灣大學
火災保險及海上保險	吳榮清	中國文化大學
商用英文	程振粵	臺灣大學
商用英文	張錦源	交通大學
國際行銷管理	許士軍	新加坡大學
國際行銷	郭崑謨	中興大學
市場學	王德馨	中興大學
線性代數	謝志雄	東吳大學
商用數學	薛昭雄	政治大學
商用數學	楊維哲	臺灣大學
商用微積分	何典恭	淡水工商
微積分	楊維哲	臺灣大學
微積分(上)	楊維哲	臺灣大學
微積分(下)	楊維哲	臺灣大學
大二微積分	楊維哲	臺灣大學
機率導論	戴久永	交通大學
銀行會計	李兆萱 金桐林	臺灣大學
會計學	幸世間	臺灣大學
會計學	謝尚經	專業會計師
會計學	蔣友文	臺灣大學
成本會計	洪國賜	淡水工商
成本會計	盛禮約	政治大學
政府會計	李增榮	政治大學
政府會計	張鴻春	臺灣大學
初級會計學	洪國賜	淡水工商

滄海叢刊已刊行書目(七)

書名	作者	類別
牛李黨爭與唐代文學	傅錫壬	中國文學
增訂江皋集	吳俊升	中國文學
浮士德研究	李辰冬譯	西洋文學
蘇忍尼辛選集	劉安雲譯	西洋文學
文學欣賞的靈魂	劉述先	西洋文學
西洋兒童文學史	葉詠琍	西洋文學
現代藝術哲學	孫旗譯	藝術
音樂人生	黃友棣	音樂
音樂與我	趙琴	音樂
音樂伴我遊	趙琴	音樂
爐邊閒話	李抱忱	音樂
琴臺碎語	黃友棣	音樂
音樂隨筆	趙琴	音樂
樂林蓽露	黃友棣	音樂
樂谷鳴泉	黃友棣	音樂
樂韻飄香	黃友棣	音樂
色彩基礎	何耀宗	美術
水彩技巧與創作	劉其偉	美術
繪畫隨筆	陳景容	美術
素描的技法	陳景容	美術
人體工學與安全	劉其偉	美術
立體造形基本設計	張長傑	美術
工藝材料	李鈞棫	美術
石膏工藝	李鈞棫	美術
裝飾工藝	張長傑	美術
都市計劃概論	王紀鯤	建築
建築設計方法	陳政雄	建築
建築基本畫	陳榮美 楊麗黛	建築
建築鋼屋架結構設計	王萬雄	建築
中國的建築藝術	張紹載	建築
室內環境設計	李琬琬	建築
現代工藝概論	張長傑	雕刻
藤竹工	張長傑	雕刻
戲劇藝術之發展及其原理	趙如琳譯	戲劇
戲劇編寫法	方寸	戲劇
時代的經驗	汪琪 彭家發	新聞
書法與心理	高尚仁	心理

滄海叢刊已刊行書目(六)

書名	作者	類別
累廬聲氣集	姜超嶽	文學
實用文纂	姜超嶽	文學
林下生涯	姜超嶽	文學
材與不材之間	王邦雄	文學
人生小語(一)(二)	何秀煌	文學
兒童文學	葉詠琍	文學
印度文學歷代名著選(上)(下)	糜文開編譯	文學
寒山子研究	陳慧劍	文學
魯迅這個人	劉心皇	文學
孟學的現代意義	王支洪	文學
比較詩學	葉維廉	比較文學
結構主義與中國文學	周英雄	比較文學
主題學研究論文集	陳鵬翔主編	比較文學
中國小說比較研究	侯健	比較文學
現象學與文學批評	鄭樹森編	比較文學
記號詩學	古添洪	比較文學
中美文學因緣	鄭樹森編	比較文學
比較文學理論與實踐	張漢良	比較文學
韓非子析論	謝雲飛	中國文學
陶淵明評論	李辰冬	中國文學
中國文學論叢	錢穆	中國文學
文學新論	李辰冬	中國文學
離騷九歌九章淺釋	繆天華	中國文學
苕華詞與人間詞話述評	王宗樂	中國文學
杜甫作品繫年	李辰冬	中國文學
元曲六大家	應裕康 王忠林	中國文學
詩經研讀指導	裴普賢	中國文學
迦陵談詩二集	葉嘉瑩	中國文學
莊子及其文學	黃錦鋐	中國文學
歐陽修詩本義研究	裴普賢	中國文學
清真詞研究	王支洪	中國文學
宋儒風範	董金裕	中國文學
紅樓夢的文學價值	羅盤	中國文學
四說論叢	羅盤	中國文學
中國文學鑑賞舉隅	黃慶萱 許家鸞	中國文學

滄海叢刊已刊行書目(五)

書名	作者	類別
往日旋律	幼柏	文學
現實的探索	陳銘磻 編	文學
金排附	鍾延豪	文學
放鷹	吳錦發	文學
黃巢殺人八百萬	宋澤萊	文學
燈下燈	蕭蕭	文學
陽關千唱	陳煌	文學
種籽	向陽	文學
泥土的香味	彭瑞金	文學
無緣廟	陳艷秋	文學
鄉事	林清玄	文學
余忠雄的春天	鍾鐵民	文學
卡薩爾斯之琴	葉石濤	文學
青囊夜燈	許振江	文學
我永遠年輕	唐文標	文學
分析文學	陳啓佑	文學
思想起	陌上塵	文學
心酸記	李喬	文學
離訣	林蒼鬱	文學
孤獨園	林蒼鬱	文學
托塔少年	林文欽 編	文學
北美情逅	卜貴美	文學
女兵自傳	謝冰瑩	文學
抗戰日記	謝冰瑩	文學
我在日本	謝冰瑩	文學
給青年朋友的信(上)(下)	謝冰瑩	文學
孤寂中的廻響	洛夫	文學
火天使	趙衛民	文學
無塵的鏡子	張默	文學
大漢心聲	張起鈞	文學
回首叫雲飛起	羊令野	文學
康莊有待	向陽	文學
情愛與文學	周伯乃	文學
湍流偶拾	繆天華	文學
文學之旅	蕭傳文	文學
鼓瑟集	幼柏	文學
文學邊緣	周玉山	文學
大陸文藝新探	周玉山	文學

滄海叢刊已刊行書目（四）

書名	作者	類別
精忠岳飛傳	李安	傳記
八十憶雙親 師友雜憶 合刊	錢穆	傳記
困勉強狷八十年	陶百川	傳記
中國歷史精神	錢穆	史學
國史新論	錢穆	史學
與西方史家論中國史學	杜維運	史學
清代史學與史家	杜維運	史學
中國文字學	潘重規	語言
中國聲韻學	潘重規 陳紹棠	語言
文學與音律	謝雲飛	語言
還鄉夢的幻滅	賴景瑚	文學
葫蘆・再見	鄭明娳	文學
大地之歌	大地詩社	文學
青春	葉蟬貞	文學
比較文學的墾拓在臺灣	古添洪 陳慧樺 主編	文學
從比較神話到文學	古添洪 陳慧樺	文學
解構批評論集	廖炳惠	文學
牧場的情思	張媛媛	文學
萍踪憶語	賴景瑚	文學
讀書與生活	琦君	文學
中西文學關係研究	王潤華	文學
文開隨筆	糜文開	文學
知識之劍	陳鼎環	文學
野草詞	韋瀚章	文學
李韶歌詞集	李韶	文學
現代散文欣賞	鄭明娳	文學
現代文學評論	亞菁	文學
三十年代作家論	姜穆	文學
當代臺灣作家論	何欣	文學
藍天白雲集	梁容若	文學
思齊集	鄭彥棻	文學
寫作是藝術	張秀亞	文學
孟武自選文集	薩孟武	文學
小說創作論	羅盤	文學
細讀現代小說	張素貞	文學

滄海叢刊已刊行書目(三)

書名	作者	類別
世界局勢與中國文化	錢穆	社會
國家論	薩孟武譯	社會
紅樓夢與中國舊家庭	薩孟武	社會
社會學與中國研究	蔡文輝	社會
我國社會的變遷與發展	朱岑樓主編	社會
開放的多元社會	楊國樞	社會
社會、文化和知識份子	葉啓政	社會
臺灣與美國社會問題	蔡文輝 蕭新煌 主編	社會
日本社會的結構	福武直著 王世雄譯	社會
財經文存	王作榮	經濟
財經時論	楊道淮	經濟
中國歷代政治得失	錢穆	政治
周禮的政治思想	周世輔 周文湘	政治
儒家政論衍義	薩孟武	政治
先秦政治思想史	梁啓超原著 賈馥茗標點	政治
當代中國與民主	周陽山	政治
中國現代軍事史	劉馥著 梅寅生譯	軍事
憲法論集	林紀東	法律
憲法論叢	鄭彥棻	法律
師友風義	鄭彥棻	歷史
黃帝	錢穆	歷史
歷史與人物	吳相湘	歷史
歷史與文化論叢	錢穆	歷史
歷史圈外	朱桂	歷史
中國人的故事	夏雨人	歷史
老臺灣	陳冠學	歷史
古史地理論叢	錢穆	歷史
秦漢史	錢穆	歷史
我這半生	毛振翔	歷史
三生有幸	吳相湘	傳記
弘一大師傳	陳慧劍	傳記
蘇曼殊大師新傳	劉心皇	傳記
當代佛門人物	陳慧劍	傳記
孤兒心影錄	張國柱	傳記

滄海叢刊已刊行書目(二)

書名	作者	類別
老子的哲學	王邦雄	中國哲學
孔學漫談	余家菊	中國哲學
中庸誠的哲學	吳怡	中國哲學
哲學演講錄	吳怡	中國哲學
墨家的哲學方法	鐘友聯	中國哲學
韓非子的哲學	王邦雄	中國哲學
墨家哲學	蔡仁厚	中國哲學
知識、理性與生命	孫寶琛	中國哲學
逍遙的莊子	吳怡	中國哲學
中國哲學的生命和方法	吳怡	中國哲學
儒家與現代中國	韋政通	中國哲學
希臘哲學趣談	鄔昆如	西洋哲學
中世哲學趣談	鄔昆如	西洋哲學
近代哲學趣談	鄔昆如	西洋哲學
現代哲學趣談	鄔昆如	西洋哲學
現代哲學述評(一)	傅佩榮譯	西洋哲學
董仲舒	韋政通	世界哲學家
程顥・程頤	李日章	世界哲學家
狄爾泰	張旺山	世界哲學家
思想的貧困	韋政通	思想
佛學研究	周中一	佛學
佛學論著	周中一	佛學
現代佛學原理	鄭金德	佛學
禪話	周中一	佛學
天人之際	李杏邨	佛學
公案禪語	吳怡	佛學
佛教思想新論	楊惠南	佛學
禪學講話	芝峯法師譯	佛學
圓滿生命的實現(布施波羅蜜)	陳柏達	佛學
絶對與圓融	霍韜晦	佛學
佛學研究指南	關世謙譯	佛學
當代學人談佛教	楊惠南編	佛學
不疑不懼	王洪鈞	教育
文化與教育	錢穆	教育
教育叢談	上官業佑	教育
印度文化十八篇	糜文開	社會
中華文化十二講	錢穆	社會
清代科舉	劉兆璸	社會

滄海叢刊已刊行書目(一)

書　　　名	作　　者	類　　別
國父道德言論類輯	陳立夫	國父遺教
中國學術思想史論叢(一)(二)(三)(四)(五)(六)(七)(八)	錢　穆	國　學
現代中國學術論衡	錢　穆	國　學
兩漢經學今古文平議	錢　穆	國　學
朱子學提綱	錢　穆	國　學
先秦諸子繫年	錢　穆	國　學
先秦諸子論叢	唐端正	國　學
先秦諸子論叢(續篇)	唐端正	國　學
儒學傳統與文化創新	黃俊傑	國　學
宋代理學三書隨劄	錢　穆	國　學
莊子纂箋	錢　穆	國　學
湖上閒思錄	錢　穆	哲　學
人生十論	錢　穆	哲　學
中國百位哲學家	黎建球	哲　學
西洋百位哲學家	鄔昆如	哲　學
現代存在思想家	項退結	哲　學
比較哲學與文化(一)(二)	吳　森	哲　學
文化哲學講錄(一)(二)(三)(四)	鄔昆如	哲　學
哲學淺論	張康譯	哲　學
哲學十大問題	鄔昆如	哲　學
哲學智慧的尋求	何秀煌	哲　學
哲學的智慧與歷史的聰明	何秀煌	哲　學
內心悅樂之源泉	吳經熊	哲　學
從西方哲學到禪佛教 —「哲學與宗教」一集—	傅偉勳	哲　學
批判的繼承與創造的發展 —「哲學與宗教二集」—	傅偉勳	哲　學
愛的哲學	蘇昌美	哲　學
是與非	張身華譯	哲　學
語言哲學	劉福增	哲　學
邏輯與設基法	劉福增	哲　學
知識・邏輯・科學哲學	林正弘	哲　學
中國管理哲學	曾仕強	哲　學